新媒体网络互动与沟通

IMS（天下秀）新媒体商业集团　编著

清华大学出版社

北京

内容简介

网络互动即互动主体依托互联网和众多的新媒体媒介在网络社会中进行互动展示，在展示过程中，拥有好的沟通能力以及善用各种表达技巧的互动主体，能够获得比较好的互动效果。同时，了解和掌握网络人际互动的整体知识脉络，不仅能够加深互动主体对网络人际互动的理解，还可以间接提高互动主体在互动展示上的知识素养、行为规范和认知与认同能力。

本书采用"理论+案例"的教学模式，讲解网络互动与沟通的相关知识点。本书共分为9章，分别是网络互动基础、网络人际互动的本质、网络人际互动的结构和作用、网络人际互动的中介系统、网络人际互动的价值、网络互动的形式、网络沟通、有效沟通技巧以及沟通与转化。每个章节围绕一个知识主体，设置细分知识内容和若干配套案例，通过运用课堂讨论和案例分析等教学方法，注重知识的理解和灵活运用，进行"参与式"和"合作式"的课堂教学，旨在发展学生的相关知识储备，养成相关行业素养，提升学生的沟通交流能力、独立思考能力、与现实相对应的联想能力和创新能力。另外，本书赠送PPT课件。

本书结构清晰、由简到难，图片精美实用、分解详细，文字阐述通俗易懂，与实践结合非常密切，具有很强的实用性。适合电子商务、播音与主持和数字媒体与艺术专业中高职、大中专院校相关专业的学生使用。

图书在版编目（CIP）数据

新媒体网络互动与沟通 / IMS（天下秀）新媒体商业集团编著. —北京：清华大学出版社，2023.3

（新媒体营销系列）

ISBN 978-7-302-62774-6

Ⅰ.①新… Ⅱ.①I… Ⅲ.①互联网络—传播媒介—研究 Ⅳ.①G206.2

中国国家版本馆CIP数据核字（2023）第029929号

责任编辑：张　敏
封面设计：郭二鹏
责任校对：徐俊伟
责任印制：丛怀宇

出版发行：清华大学出版社
网　　　　址：http://www.tup.com.cn，http://www.wqbook.com
地　　　　址：北京清华大学学研大厦A座　　　邮　　编：100084
社　总　机：010-83470000　　　　　　　　邮　　购：010-62786544
投稿与读者服务：010-62776969，c-service@tup.tsinghua.edu.cn
质　量　反　馈：010-62772015，zhiliang@tup.tsinghua.edu.cn
课　件　下　载：http://www.tup.com.cn，010-83470236
印　装　者：大厂回族自治县彩虹印刷有限公司
经　　销：全国新华书店
开　　本：170mm×240mm　　印　张：13.25　　字　数：285千字
版　　次：2023年4月第1版　　印　次：2023年4月第1次印刷
定　　价：69.80元

产品编号：096067-01

编委会名单

主　　　编：IMS（天下秀）新媒体商业集团

编委会成员（排名不分先后）：

前言
PREFACE

随着大众日常生活的娱乐方式逐步由各种新媒体媒介或工具所主导，网络互动与沟通已成为大众日常社交的首选方式，并被广泛应用于社会的各个领域。目前，国内很多职业院校的电子商务、播音与主持和数字媒体与艺术等专业，都将网络沟通与互动设定为一门重要的基础课程。为了帮助职业院校的教师可以全面、系统地为学生教授这门课程，使学生能够熟练掌握网络沟通和互动的能力与技巧，作者编写了本书。

本书共9章，书中的每个章节围绕一个知识主体，设置细分知识内容和若干配套案例。通过运用课堂讨论和案例分析等教学方法，注重知识的理解和灵活运用，进行"参与式"和"合作式"的课堂教学，旨在增加学生的相关知识储备，养成相关行业素养，提升学生的沟通交流能力、独立思考能力、与现实相对应的联想能力和创新能力。

不同章节设置的知识主体逐层递进，依据互联网营销、电子商务、新媒体项目策划、产品经理和选品策划员等相关岗位所需要的行业基础知识和能力要求而设置，以依托人际互动、沟通与表达的各种方式方法为载体，充分考虑学生应具有的相关理论知识，构建课程的理论教学内容。同时根据不同的理论教学内容，有针对性地加入实际案例分析，在实践中强化相关理论知识，为之后的课程学习和相关工作打好基础。

本书采用"理论＋案例"的教学模式，在理论学习中指导实践，用真实案例分析巩固知识，配合相应的课堂讨论，对所学知识进行巩固。同时，本书还赠送PPT课件，以便读者学习和教师授课，读者可根据个人需求扫描下方二维码下载使用。

PPT课件

编者

目录
CONTENTS

第1章   网络互动

　　随着互联网科技的飞速发展，网络社会已经由早期的散乱形态发展为如今的成熟形态。与此同时，网络化的生活方式与社交活动成为大众交往的新形态。

　　在网络化生活方式的背景下，怎样把握大众在双向互动过程中的思想动态、心理和行为的变动轨迹以及思考怎样科学引导网络互动，成为当下和未来对学生教育的重要课题。同时，也要引导学生在网络互动中养成正确的思政认知，最终让网络人际互动成为加深思想政治教育的正确途径。

1.1   网络人际互动

　　在开始学习网络互动相关知识之前，先来学习一下网络人际互动的含义和意义，便于后面学习以此为基础的各类知识点。

1.1.1   网络互动的含义

　　网络互动是指在互联网中进行的互动展示，具体是指网站和受众以及受众和受众之间在内容和形式上的信息交互过程，如图 1-1 所示。

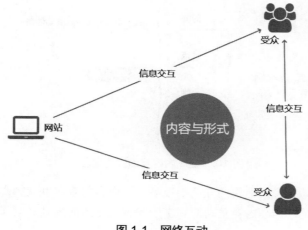

图 1-1   网络互动

互联网有不受地域限制、信息量大和信息传输及时的优势，根据不同的互动对象或方法，可以将其分为内容互动、形式互动和人际互动 3 种形式，如图 1-2 所示。

图 1-2　网络互动的 3 种形式

1. 内容互动

内容互动在形式上体现为网络中的超文本，分为音频、视频和文字等多种类型。内容互动是内容提供者通过超链接的文本，授权给受众让其进一步了解写作符号本身之外的一些信息。简单来说，提供的不是互动，而是带有"复杂属性"的内容。这些内容包括新闻、娱乐、音频、视频和电子商务等方面的信息，我们可以将"复杂属性"的内容理解为带有超链接的立体信息。

内容提供者提供了这些内容，让受众在了解立体信息的过程中产生了内容互动。这种"复杂属性"内容是可以度量的，度量标准是新闻再现的事实水平，事实水平也可以被称为真实度。一般情况下，真实度依靠新闻是否真实、真实的深度和广度进行衡量。新闻报道的事实越真实全面，该新闻的真实度就越高。

网络内容的真实度高，可以提高内容互动的数量。从空间的度量方法进行理解，时间、地点、人物和事件等新闻要素的广度越大，新闻的真实度也就越高。大量的真实新闻会带动受众对其进行阅读和讨论，从而提高内容互动值。图 1-3 所示为提高内容互动值的方法。

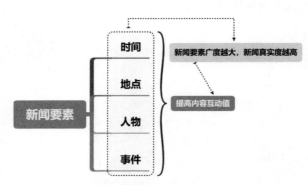

图 1-3　提高内容互动值的方法

对于内容互动来说，运用的互动手段越多，内容的真实度就越高，互动的有效度也就越大。但是，提高内容互动的真实度和有效度的前提是必须保证每一种互动手段都是真实可靠的。

内容互动受时间、空间以及技术的影响比较大。它的兴起和发展是对传统媒体内容的一种改革和冲击，还打破了传统媒体的单一性报道形式。因此，内容互动成为网络传播互动中最有影响力的一种形式。

2. 形式互动

形式互动是指网站或网站中的某些功能与受众之间的直接交流，是比较常见的一种互动形式。每一个网站都有一个界面友好性和亲和力都非常强的"意见反馈"版块，通过这个版块可以让受众与网站之间进行交流。图 1-4 所示为电脑端网站和移动端 App 中的"意见反馈"版块。

图 1-4　电脑端网站和移动端 App 中的"意见反馈"版块

该种互动形式具有传统性，与纸媒中的"读者来信"版块相似，而网络中的形式互动被互联网特性缩短了互动时间，所以受众的接受度和认可度相对较高。在形式互动中，潜在的反馈量和实际反馈量是非常值得注意的两个数据。

潜在反馈量主要体现为受众给网站发送的所有信息内容。在这个阶段中，受众可以自由地给网站编辑以电子邮件的方式提出反馈意见。而"实际反馈量"主要体现为网站编辑是否对包含反馈意见的电子邮件作出回复。在该阶段中，意见反馈是为形式互动添加内容和简化人际传播的一种技术手段。虽然简化人际传播会为网络互动的即时性带来一定的负面影响，但是电子邮件对于"形式互动"的辅助作用是不可否认的。因此，我们可得到计算单个网站形式互动值的公式：

$$\frac{\text{实际反馈量}}{\text{潜在反馈量}} = \text{单个网站的形式互动值}$$

该公式中的两个反馈量由很多变量组成。其中,"实际反馈量"的构成相对简单,而"潜在反馈量"的构成较为复杂。表 1-1 所示为构成两个反馈量的具体变量。

表 1-1　构成两个反馈量的具体变量

反馈量名称	构成反馈量的变量
实际反馈量	编辑数量和互动观念
潜在反馈量	受众数量、受众写作能力、网站工作语言、交流符号、网站中意见反馈版块的数量

案例　**判断门户网站的"形式互动"值**

我们可以找到一个门户网站或新闻 App,网站和 App 必须满足下列条件。

(1)拥有超过一个省的受众,并且其新闻辐射范围是在本土;

(2)每个页面上都有"意见反馈"版块,点击进入版块后,页面还设有相关的交流符号(不满意该条新闻时,可点击带有不满意内容的符号,这就是一种网络的交流符号类型),如图 1-5 所示。

图 1-5　"意见反馈"板块中的交流符号

我们可根据网站或 App"意见反馈"版块中的交流符号是否贴合网站内容或互动内容,来判定该网站或 App 的"形式互动"值是高还是低。

内容互动和形式互动的一个重要区分点在于是否包含超链接文本。内容互动是在超链接文本的基础上引导受众进行信息相互作用,而形式互动则仅仅是网站与受众的相互交流。

3.人际互动

人际互动的双方是互联网的受众,就是网民;而网站在该互动类型中只为两个互动对象提供技术和交流的平台。在互联网的所有活动中,人际互动是最为普遍的一种体现方式，包括各个网站的论坛以及微信和微博等各种社交 App 的博文转发、评论，如图 1-6 所示。

图 1-6　网络中的人际互动

在这些网络互动活动中，受众与受众的信息交流具有快速和范围广的特点，人际互动的属性表现非常明显。

案例　判断网络活动属于何种互动类型

由于内容互动和形式互动在内容和形式上具有共同点，所以对于有些网络行为很难进行准确判定。

例如，明星或专家学者在互联网上与受众见面、回答提问以及播放 VCR 等活动，从形式上来看，这些活动都属于形式互动。而在论坛或者网站聊天版块中进行上述活动时，通常页面的某个位置会伴随名人介绍的超链接文本。超链接文本出现时带有明显的内容互动成分，这为准确判断上述活动是内容互动还是形式互动带来一定的困难。

大家可以以在该互动中网站与受众的互动为主要内容，介绍资料的链接只是为前者服务的辅助内容来判断；同时，虽然名人或明星有参与活动，但是其不是主要服务对象，因此，判定上述活动为"形式互动"。

1.1.2　网络人际互动的意义

网络人际互动是人类社会进入网络时代后，生成的一种崭新的交往实践形态。在人际互动发展的过程中，经由当代科技与社会形态滋养而产生并发展的一种人际互动方式，是多种传统人际互动方式在网络化的生活环境中的综合性体现。

课堂讨论： 网络人际互动是在网络时代生成的一种交往形态，那么，不同历史时期肯定有着不同的人际互动交往形态。根据网络人际互动的含义和意义，我们一起来分析与探讨在网络未产生之前，大众的人际互动交往形态是什么样的？又是根据何种依据为不同的交往形态划分阶段？

1.2　人际互动的演化

网络人际互动是在互联网技术发展的基础上出现的，同时也是社会生产力发展到一定阶段的结果。研究网络人际互动的演化过程，实际上是从不同维度观察、思考与诠释网络人际互动。

马克思认为，人际互动不是偶然的，也不是无条件的。在不同的历史时代，社会的进步将发生由低到高、由简单到复杂的进程，人际互动也会沿着该进程发生演化和更替活动。

1.2.1　血缘式人际互动的交往形态

在最开始的人类社会中，完全自然发生的依赖关系形成了最初的社会形态，即血缘式人际互动的交往形态。在这种交往形态下，人的生产能力只会在非常有限的范围内和孤立的地点上发展。由于散乱的互动地点和有限的互动范围等局限，在血缘式人际互动的交往形态下，大众的生产和交往主要建立在依赖天然的自然界、人体自身的需要以及自然分工的基础上。图 1-7 所示为血缘式人际互动的形成与生产关系链。

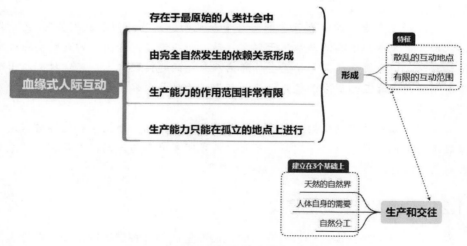

图 1-7　血缘式人际互动的形成与生产关系链

　　刚刚进入社会环境的人，在寻求生存、处理与自然界的关系过程中，基于活动空间狭小、认知低级以及小规模群体的特点，会使得群体内部以及与邻近其他群体之间的关系呈现出狭隘性。

　　在人类社会开始形成的阶段，人们最初形成的是具有夫妻、父母和子女的家庭关系。最初，这种家庭关系是社会形态中的唯一人际关系。

　　但是从人类最早的杂婚状态演化到血缘婚姻、普那路亚家庭（原始社会中从血缘家庭发展而来的群婚家庭形式之一）以及对偶婚制（一个男子在许多妻子中有一个主妻，一个女子在许多丈夫中有一个主夫，但并不排斥与其他异性保持两性关系）等，婚姻家庭形式在一次次文明提升，在交往层面上彰显着人的社会属性。在这种血缘式人际互动的交往形态中，包含着下述的两个较为突出的层面，如图1-8 所示。

图 1-8　血缘式人际互动的突出层面

　1. 以血缘为标准

　　血缘标准使得血缘共同体摆脱了动物形态，并以此为突破口提升血缘共同体的生存质量和生活环境。人类历史的第一个前提是具有生命的个体的出现，因此，第一个需要确定的条件就是这些个体的身体组织以及身体组织与自然的关系。

　　在原始社会特定的历史背景下，根据血缘将所有人类划分为不同群体。这种划分还会标明个体在群体活动中的身份和地位，从而让血缘关系成为血缘共同体内部与外部其他共同体之间交往的桥梁，并根据血缘桥梁最终确立氏族内部及彼此之间的互动范围。由此，可以看出这种具有普遍意义的血缘媒介为血缘式人际互动提供着较为坚实的基础。

　2. 战争成为普遍的互动形式

　　对于刚刚进入社会形态的人类族群来说，他们的思想还停留在"战争本身就是一种流行的交往形式"的认知中。同时，在传统的粗陋生产方式下，激增的人口数量需要新的生产资料，因而这种"互动形式"开始被频繁使用。但是战争这种互动形式可能会为本已低下的社会生产力带来重创，也可能会为社会形态带来新的转机。因此，战争成为旧社会灭亡、新社会来临的催化剂。

人类在原始社会中形成的血缘式人际互动交往形态，它同样具有如图 1-9 所示的一般交往形态中的基本要素。

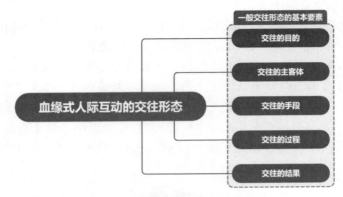

图 1-9　血缘式人际互动交往形态的基本要素

通过对远古时期中国原始民众的生存生活状况进行分析与构建，我们可以得到在不同时期，原始民众人际互动交往形态的描述与总结，如表 1-2 所示。

表 1-2　不同时期的原始民众人际互动交往形态

具 体 时 期	原始民众的人际互动交往形态
距今 1 ～ 0.7 万年时期	完全以血缘和婚姻关系为基础组织的聚落群体是人类社会占主导地位的组织形态
距今 6 ～ 5 千年时期	聚落群体开始等级化，之后出现以血缘、婚姻和地缘为基础的聚落群体。这些聚落群体具有明显的等级化、复杂化和一体化趋势，并且开始成为人类社会占主导地位的组织形态

由于自然环境和其他因素的影响，在血缘式人际互动交往形态解体的过程中，东西方的人际互动交往形态完全走向了两个不同的发展方向。

研究表明，我国传统社会由于缺少繁荣发达的商品交换，社会内部并没有出现能够推翻原始氏族部落共同体的主导性力量和阶层，例如普通民众、农民、工业者和商户等，所以最终以氏族血缘为基础的家国制方式解体了氏族部落。在原始氏族部落解体后，民众的人际互动交往形态还是以血缘为主，建立国家并承担建设国家的相应任务，从而使传统社会呈现出鲜明的血缘宗法特征。

而在古代西方，特别是古希腊时期，由于发达的商业发展，使原有意义上的氏族部落被解体的同时，平民与工商业者在一定程度上获得了自主性，从而最终以城邦制的方式解体了氏族部落。图 1-10 所示为氏族部落解体过程中东方和西方的区别。

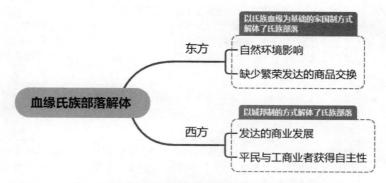

图 1-10　氏族部落解体过程中东方和西方的区别

1.2.2　地缘式人际互动的交往形态

原始社会末期，农村公社的出现，产生了由地缘式交往互动而结成的群体。在此阶段，众多个体家庭为了相同的经济利益需求，居住在同一地域，形成了以地域为联系纽带的人际互动交往形态。

实际上，在人类社会形成的初期，地缘关系就已出现。但是在该时期，由于自然环境和生产力的原因，选择了"逐水草而居"的生产生活方式。该种生产生活方式造成地缘关系表现为较为鲜明的临时性和不稳定性特点，图 1-11 所示为人类社会形成初期的生产生活方式与地缘关系表现特点的关系。

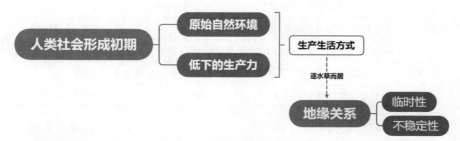

图 1-11　人类社会形成初期的生产生活方式与地缘关系表现特点的关系

随着人类社会的进步以及生产力的提高，原始农业出现在人类社会中。原始农业出现后，人类社会进行了第一次社会大分工，从而造就了以土地为纽带的地缘关系，此时的地缘关系具有稳定和牢固的特点。

随着新型地缘关系的出现和发展，氏族部落群体不再以血亲关系为考虑依据，开始并更多地思考以利益为驱动价值与功效的依据。所以，在长期的交往活动中，同一地域的原始居民，根据生存环境中自然空间与社会空间的相似性和等同性，形成了由地域特色而产生的一种浓厚和鲜明的地缘文化。表 1-3 所示为地缘文化的各类说明。

表 1-3　地缘文化的各类说明

名　　称	说　　明
文字概念	地缘文化是指以一定地域关系为基础,人际互动过程中所产生的物质产品和精神产品的总和
事实概念	地缘文化不仅包括某一地域的物质文化,也包括民众长期共同生活所产生的行为规范和风俗习惯形成的制度文化,还包括民众的价值观念、政治意识以及思维方式等精神文化
关系递进	值得注意的是,地缘文化中依然包含血亲关系的成分,代表了地缘文化的形成与血缘文化之间存在递进关系。同时说明地缘文化不仅是社会生产力发展的产物,而且也是社会生产力发展的巨大前提
交往形式	从血缘式人际互动到地缘式人际互动的转换过程中,不可忽视的社会现象就是移民活动
	在血缘式人际互动交往形态中,战争是一种较为普遍的现象和形式,而在以地缘文化为基础的人际互动交往形态中,移民活动同样是较为普遍的交往形式

想要研究早期人类社会的形成与发展,必须分析和考察移民活动,并且必须在早期人类社会的交往互动范畴中将移民活动作为普遍形式进行分析、考察和深入研究,才能了解和掌握到一些相关信息,如表 1-4 所示。

表 1-4　通过移民活动可以了解与掌握的信息

相关信息	移民活动
全面掌握	各个地区和国家早期人类社会形成和发展的原因
	各个民族或部落活动的轨迹
	早期人类社会的形成与活动轨迹之间的相互影响
有利于了解	原始民众从孤立和封闭的低级状态向普遍联系的高级状态的演进轨迹
	各个民族的盛衰和各个地区力量消长的缘由

综上所述,以地域为中介,以同乡关系、邻里关系为主体的地缘式人际互动交往形态,随着社会的进步逐渐走向开放状态,并且随时迎接着新交往形态的出现。

1.2.3　业缘式人际互动的交往形态

社会生产力的发展,促使社会分工逐渐细化。第二次社会大分工之后,大众在保持血缘式和地缘式两种人际互动交往形态的同时,开始产生和形成了一种新的交往形态以及相应的文化。

分工明确后形成了以职业劳动力为基础的同业关系和同事关系等,促使业缘式人际互动交往形态的产生;而新的人际互动形式也产生了基于社会互动组合方式和相应思想观念为核心的业缘文化。图 1-12 所示为明确分工后产生的新的交往形态以及相应的文化。

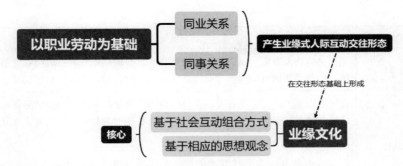

图 1-12 明确分工后产生的新的交往形态以及相应的文化

业缘化人际互动交往形态形成至今，因为第三产业的迅猛发展以及生活节奏的加快和分工的细密化，使得不同行业中的业缘关系日趋复杂，并且业缘关系在社会人际互动中呈现支配地位的样态。

研究表明，新航路开辟、地理大发现、工业革命以及世界市场的形成，都在不同程度上推进了全球化的进程，使大众的联系日益广泛。图 1-13 所示为推动全球化进程的各个事件和彼此之间的关系。

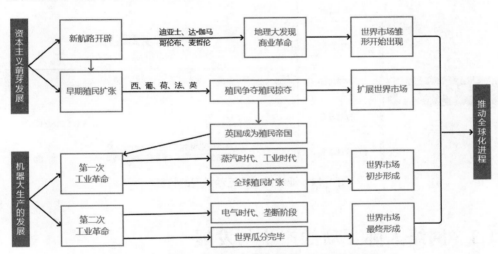

图 1-13 推动全球化进程的各个事件和彼此之间的关系

在现代社会中，业缘式人际互动的交往形态呈现主体地位。在交往利益、交往互动过程、交往主体和交往互动的程度等方面，业缘式比血缘式和地缘式的人际互动交往形态具有更加突出的特征，如表 1-5 所示。

表 1-5 业缘式人际互动的突出特征

突出特征	说　明
交往利益	当交往主体处在社会关系网络中的不同节点上时，由于扮演着不同的社会角色，从而需要遵循的角色规范也就不同

突出特征	说　明
交往互动过程	交往主体的双方以利益最大化的角度切入，并根据比较利益总结收获结果。因此，利益优化的价值取向是确保交往互动走向正常、持续与协调发展的基础
交往主体	在核心意义上，无论是在互动群体的内部，还是在不同互动群体的外部，交往主体对利益的追求（包括物质、精神以及心理上的利益）决定着交往互动的整体平衡
交往互动的程度	业缘式人际互动其交往互动的程度是传统血缘式和地缘式人际互动难以企及的

由于高新技术的产生和社会生产力的发展，基于空间环境、交往对象、交往内容、交往方式和交往结果等方向（职业和劳动场所）的要求与变化使交往主体的流动性增强，从而导致业缘式与血缘式和地缘式人际互动相比，在互动关系的稳定性上，呈现出交往关系趋向弱化的特征，如图 1-14 所示。

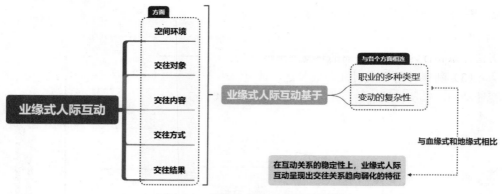

图 1-14　业缘式人际互动呈现的特征

1.3　网络人际互动的产生与发展

在这个世界上，任何事物的产生与形成都有一个发展及演化的过程，而且事物在不同的阶段也会呈现出不同的状态。同时，事物的发展过程就是该事物逐渐向大众全面展示的过程，因此，掌握不同交往形态下的人际互动形式，有利于了解和明确网络人际互动的生成与发展进程。

1.3.1　新媒体的产生与意义

新媒体一般是指互动式数字化复合媒体。除了报纸、杂志、广播、固定电话和电视等传统媒体以外，以互联网和移动网络为代表的新媒体已经进入大众的日常生活，成为现代人进行社交、获取信息、传播信息和娱乐活动的重要渠道。图 1-15 所示为传统媒体与新媒体的形象对比。

图 1-15　传统媒体与新媒体的形象对比

新媒体的出现给大众的社会生活带了许多的可能性。专业人士认为，新媒体对于大众具有以下 3 项意义。

（1）在一定程度上，当代科学技术的功能、作用与意义都影响着社会的性质和结构。在研究当代社会性质时，必须要考虑科学技术对社会生活的重要意义；

（2）由技术进步推动的社会性质和结构的变革，往往是通过个人的日常生活、价值体系和行为模式等方面的转变逐渐展开的；

（3）新媒体的发展对社会成员之间的互动存在潜在影响，也对把握社会结构的变迁动向，以及科学技术与社会生活的互构具有积极的意义。

📢 **课堂讨论**：新媒体的产生与广泛应用对于大众除了上述的 3 项意义以外，其作为变革大众发布和接收信息渠道和工具的产物，大家认为它对人际互动中的交往沟通有哪些方面的正面影响？

1.3.2　网络人际互动的产生

德国社会学家齐美尔认为，因为社会由通过互动而结合在一起的个体所组成，以及社会的存在也表现在这些互动关系上，所以，社会学的研究对象应是人与人之间有意义的互动。

我们可以对互动内容与交往形态进行划分，同时加强对交往形态的研究。在不同交往形态的塑造下，不同的互动内容获得了现实的地位。如此一来，当大众借以互动的工具或互动所处的外部环境因技术进步出现变化时，互动的形态也会随之更新换代。

根据数据显示，随着信息技术的不断进步，以网络和移动互联为代表的新媒体已侵入大众的日常交往，并成为社会生活的一部分。新媒体在为人际互动带来新的认知和体验的同时，也催生了新的人际互动交往形态的出现，即网缘式人际互动。由于网缘式人际互动的交往形态依靠的是网络技术，所以又被称为网络人际互动。

1.3.3 网络人际互动的发展

网络人际互动在发展过程中，其互动范围、互动过程、互动体验、互动对象以及互动领域等交往要素的表现形式形成了独特的风格，如表 1-6 所示。

表 1-6　网络人际互动交往要素的表现形式及其说明

交往要素	表现形式	概括说明
互动范围	跨越时空限制	互动范围由"面对面"的互动方式转换为"随时随地皆可互动"的方式
互动过程	同步共时	互动过程由"异步等待"的循环方式转换为"同步共时"的循环方式
互动体验	综合感官	以新媒体为中介的交往形态为互动对象提供了综合感官的互动体验
互动对象	向公众扩展	互动对象也由血缘和地缘关系为主，逐渐向业缘关系甚至是大众扩散
互动领域	公私界限模糊	互动领域由工作与生活的泾渭分明转变为公私界限模糊的状态

1. 跨越时空限制的互动范围

在血缘式、地缘式和业缘式等人际互动交往形态中，当互动主体聚集到同一空间时，互动双方可以通过对外表、语言、姿势和情境等多方面信息的分析与理解，完成互动过程，因而互动必须遵循"面对面"的时间和空间规则。

固定电话出现后，在一定程度上打破了空间距离的局限，但还是无法逾越时间规则。网络信息技术的革新不仅能够消除地理限制，还能够打破时间规则。当技术中介，包括个人计算机、智能手机以及智能穿戴等进入大众的日常生活后，出现了一种新型传播方式 CMC（computer mediated communication）。

CMC 是指个体间的互动可以借助网络脱离时间和空间的限制，达到"共时"与"异时"交错、身体"缺场"和意识"在场"的状态，并且还可以借助移动互联的发展，将互动对象从固定的上网地点解放出来，真正实现随时随地都可互动的目的。

随时随地都可互动让互动范围中的时空属性发生了质的变化，在一定程度上实现了互动的自由性。而越来越少的外部限制以及多种多样的互动途径，大大降低了大众的互动成本，同时也大幅提高了在不同情境中开展互动的可能性，从而增进了大众的互动频率。

2. 同步共时的互动过程

因为交往互动需要借助语言和姿势等符号体系在主体间传递、理解以及反馈，从而使互动双方得以实现信息或情感的交流沟通。也就是说，无论互动过程是在"共时"还是"异时"状态下进行，互动中的信息传递与交换都需要经历一个循环过程。

在交往互动的持续过程中，异步等待与同步共时互动会在循环进程时产生不同的情况和结果，如表 1-7 所示。

表 1-7 "异步等待"与"同步共时"互动

互　动	产生的情况与结果
异步等待	传统人际互动交往形态以语言或姿势为信息传递符号，表现为"发出→接收理解→反馈"的过程，总有一方在等待接受或等待反馈
同步共时	网络人际互动的交往形态借助网络技术，以文字为主要信息传递符号，互动双方或多方同时发出信息，分别对接收到的信息进行反馈，形成多向循环与"同步"互动过程

同步共时的互动循环，在同等时间内将大大增加传输的信息量，并且可以缩短互动过程，从而加快互动进程，提升大众的互动效率。

3. 综合感官的互动体验

早期的网络人际互动由于技术限制，仅能为互动双方提供"身体缺场"的互动平台。在此平台中，互动双方只能借助文本、表情符号和图片等静态符号展开互动，而无法获知互动双方的表情、姿势和举止等动态符号信息。而使用电话进行互动，尽管可以通过语音传输信息，使传递的信息更加丰富，但也因其传递途径的局限同样无法获知全面信息。

网络带宽的增加和传输速度的提高，让以新媒体为中介的交往形态提供了下述 4 个方面的综合感官互动体验。

（1）使文本、表情符号和图片等固有方式由静止状态转变为动态动画，从而让传递的信息更加个性鲜明和生动形象；

（2）将人体的视觉、听觉、触觉以及相应的行为动作进行融合，使互动双方的身体能突破时空限制；

（3）通过动态影像和音频再现，在跨越时空的互动过程中形成身体"在场"的感觉，从而延伸互动者的各项感官；

（4）在最大程度上接近传统面对面互动的体验，让网络人际互动也具有"社会性"。

4. 向公众扩展的互动对象

传统人际互动的交往形态由于受时空限制，仅在个体和小群体之间进行（血缘式、地缘式和业缘式人际互动的交往范围特点）。随着互联网的产生以及广泛应用，人际互动不再局限于特定时空，而大幅降低的互动成本也为互动对象的外延奠定了技术基础。

随着大众互动范围的跨越，互动对象也由血缘和地缘关系为主，逐渐向业缘关系甚至是大众扩散。因为只要在社交平台上发出信息，所有登录该平台的用户都可以接收到，并对其进行反馈。新型社交平台（例如论坛、微博和微信公众号）的出现，在一定程度上拓宽了互动的潜在对象。

据《中国互联网发展报告（2021）》数据显示，截至 2020 年 12 月底，中国网民规模达到 9.89 亿，互联网普及率为 70.4%，较 2020 年 3 月网民增加了 8540 万，普及率提升了 5.9 个百分点。图 1-16 所示为 2015—2020 年我国网民规模及互联网普及率。

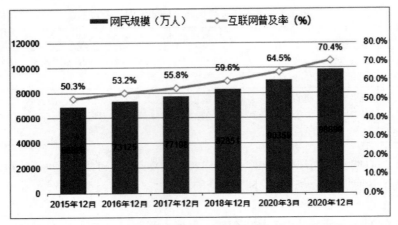

图 1-16 2015—2020 年我国网民规模及互联网普及率

其中，手机网民规模达到 9.86 亿。与 2020 年 3 月相比，增加了 8885 万人，手机网民占总体网民的比例也随之增至 99.7％。图 1-17 所示为 2015—2020 年我国手机网民规模及占网民规模的比例。

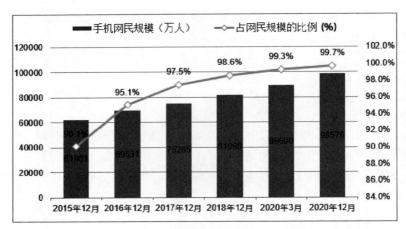

图 1-17 2015—2020 年我国手机网民规模及占网民规模的比例

从技术手段看，不断增加的互动对象、群体成员，使成员间社会交往中的非直接因素也随之增长。因此，各互动主体的熟识度和亲密度将不断减弱，最终使与利益无关的陌生人逐渐成为互动的主要对象。因事聚合和转瞬即散的互动，使互动得以在更大范围内展开，从而具有了泛互动的特征。

5. 公私界限模糊的互动领域

在互联网和智能手机出现前，大众的工作与生活区域是分隔开来的。也就是说，在工作地点和工作时间中，要求大众全身心投入到工作中；而下班后的个人时间，则属于个人私人，完全由个人支配和使用。由此形成了一系列有助于加强和巩固工作和个人状态的价值体系和互动模式。

工业革命使家庭和工作场所分离，而数字革命又将它们合二为一。简单来说，比较明显的表现就是电话产生后，公共空间和私人领域的界限开始了融合。同时，无处不在的网络覆盖和移动终端的出现，使私人领域与公共空间融合得更加彻底。表 1-8 所示为私人领域与公共空间相互交织后出现的两方面情况。

表 1-8　私人领域与公共空间相互交织后出现的两方面情况

方　　面	出现的情况
方面一	在工作场所开展工作时，互动对象会接打私人电话、回复私人邮件、聊 QQ 以及发微博等
	在上下班的途中或回到家中后，仍需接打同事电话或处理工作邮件和事务
方面二	在公共领域（包括公交、地铁、商场以及休闲广场）中，大众可以自由通过移动互连设备进行私人对话
	在私人领域中，大众也可以借助新媒体，进入各类应用平台，重新回归公共领域，广泛参与人际互动

综上所述，个体的全部时间以及生活领域都将与工作和公共领域相互融合，从而促使大众重构该状态的价值体系、互动模式和行为规范。

课堂讨论： 网络人际互动的独特风格所展示出的跨越时空限制、同步共时、综合感官、向公众扩展以及公私界限模糊等互动表现，与传统的血缘式、地缘式和业缘式人际互动交往形态具有很大的不同，我们可以根据这些互动表现以及与传统人际互动进行对比，分析和探讨网络人际互动的特点是什么？

1.4　网络人际互动的特点

由于网络人际互动是互联网中人与人之间的交往活动，也是一种社会行动，所以它是小群体社会学比较关注的论题之一。在社会学中，结构论、过程论和符号论等学派都从各自不同的角度来阐释互动。图 1-18 所示为不同学派对互动的阐述。

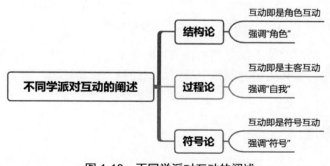

图 1-18　不同学派对互动的阐述

但是无论学者强调什么，互动都少不了发生行为的社会环境。因此，网络人际互动也在互联网中形成了一个与现实社会完全不同的信息交流环境。它网络化的结构打破了传统人际互动交往形态受社会阶级和地理区域的限制，从而创造出了全新的人际互动空间和人际互动模式。

由互联网形成的虚拟社会而创造的网络人际互动，与传统人际互动将表现出新的特点。简单来说，在互联网络中，网络人际互动根据互联网的特性，其特点表现为超时空性、虚拟性、文本化、去社会性和无规范性等，如图 1-19 所示。

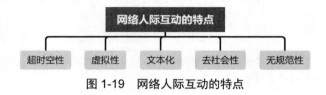

图 1-19　网络人际互动的特点

1.4.1　超时空性

传统的人际互动交往形态，都是发生在现实社会中的一个具体情境，具有很强的空间感和时间感，而在网络中发生的人际互动，不仅在时间上产生了相互分离，同时在空间与场所上也发生了分离。

美国天体物理学家拉里·斯马尔认为："互联网络的出现是自古腾堡以来所发生的最根本的变化。这种相互联结的网络是时空的破坏者，把距离和时间缩小到零。"这些互联网特性使人际互动产生了超时空性的新特点。超时空性特点表现为延伸了大众在虚拟世界中的互动空间、压缩现实社会人际互动过程中所必需的时间以及取消现实社会人际互动过程中所必需的场所等 3 点，如图 1-20 所示。

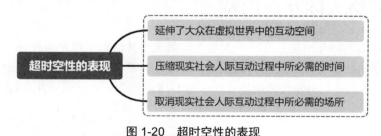

图 1-20　超时空性的表现

简单来说，超时空性不仅会模糊传统时间和空间的独立性，而且解除了互动角色在现实行动中必须依附的时间和空间限制，使整个行动环境形成了一个虚拟和真实的混合体。

1.4.2　虚拟性

在网络人际互动中，与传统人际互动交往形态发生环境中拥有相同属性的特定物理实体或时空位置被电子网络空间所替代。由于电子空间中的人际互动既不具备视觉上的实体感，也不具有触摸时的具体位置与形态，所以只有一种功能上的实在性。

因此，与现实社会中的传统人际互动交往形态相比，网络人际互动具有一种新的特点，即虚拟性。

1.4.3 文本化

网络空间作为一种符号化的信息存储库，直接影响大众在网络空间中的互动变为一种符号化或以符号为中介的互动。

虽然大众在现实社会的人际互动过程中也会使用符号完成交往任务，但在这一过程中，符号仅仅是作为一种辅助工具帮助互动主题完成互动沟通，如图 1-21 所示。

在网络人际互动中，各种各样的象征符号不仅是互动主体必不可少的行动中介，同时也进一步成了互动双方在互动时的必备工具，如图 1-22 所示。

图 1-21　现实中的辅助工具

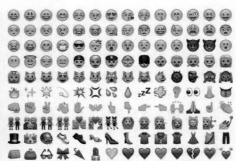

图 1-22　网络中的必备工具

现实社会互动中的中介在网络社会中占据了主体的地位，会导致互动主体丧失其主体性，并使人际互动成为符号文本之间的互动。而符号文本互动的抽象化可能会进一步消除人类情感中的特征性、价值观和多样性，最终使互动双方之间形成疏远的关系以及淡漠的感情。

1.4.4 去社会性

在现实社会中，由于互动双方无法在真空环境中行动，所以行动方总是被冠以大众认为的社会烙印，使行动方具有各种各样的社会特征，这些社会特征将会使互动主体的行动受到影响。

网络空间是一个相对隐匿且流动性非常大的环境，一般互动主体在其中行动时，除互动双方以外，不会轻易被他人知晓互动内容。因此，行动时互动双方不会太顾忌社会行为规范以及现实社会互动的人际障碍，包括悬殊的社会地位、不同的生活方式、受教育的程度以及身份和职业带来的限制等。

也就是说，虚拟世界中不存在真实世界的身体属性、阶级属性、社会属性以及地域属性等造成的各种等级压制，这使得互动主体在心理方面会认为在网络人际互动中的畅所欲言是安心的。

综上所述，网络人际互动中的去社会性特点可以为互动主体带来一些正面的影响，同时也会带给互动主体一些负面的影响，如表 1-9 所示。

表 1-9　去社会性的正面影响和负面影响

方　　面	影　　响
正面影响	去社会性可以让大众在真正意义上进行平等互动
负面影响	由于人的普遍性和从众心理，如果其对某种特定文化传统缺乏价值观念和行为规范的认同，会使其丧失群体认同感，从而引起内心的焦虑感和无所归依感

1.4.5　无规范性

在现实社会中，互动主体会根据所属国家和文化而拥有一定的社会规范，包括风俗习惯、法律法规以及行动效率等。这些社会规范对互动主体的行动具有制约作用，同时也为互动主体的行动提供具体的参照标准。

虚拟世界作为互动主体的一种新型社会生活空间，跨越了国家、民族、文化以及地域的限制，使现实社会生活空间中的规范和秩序在虚拟世界逐渐过时或不适用，为互动主体提供逾越社会规范的机会、松弛禁忌压力的空间以及更多表现"自我"的意见空间。

简单来说，就是在虚拟世界中的互动主体由于丧失了身份感和归属感，所以不再受到原有社会规范的影响。因此，他们可以更加自由地表现自我以及表达自己的意见和感受。同时，由于技术上的 TCP/IP 通信协议成为互动主体需要遵循的唯一规范，致使网络中的互动行动缺乏管理规范，使得一些互动主体做出了不恰当的行为，从而增加网络人际互动的风险、不确定性、复杂性。

综上所述，互联网为互动主体提供一个全新的互动空间，从而形成一种全新的人际互动模式和人际关系模式，进而促使了现实中的互动群体、组织和社会结构进行重塑和重构的变化。因此，关注互联网对人际互动的影响和虚拟世界中的人际互动具有重要的现实意义和迫切性。

1.5　网络人际互动的共时性体现

网络人际互动在发展过程中的共时性，强调的是生成过程中制约、影响、决定互动活动变化发展的关键性要素以及因为这些要素的相互作用而呈现出的规律性特征。

马克思和恩格斯认为："社会中的交往互动，必然受社会生产生活方式的影响"。也就是说，网络人际互动不是凭空产生的，而是在人类社会生产生活方式变革过程中，人际互动交往形态发展的必然选择。这种带有规律性特征的共时性也必将引导网络人际互动的发展走向成熟和更高层级。

其中，网络人际互动的共时性体现在 3 个方面，分别是交往手段与技术的同步发展、交往主体之间的互动共生以及多因素交互制约的同比辐射。

1.5.1　交往手段与技术的同步发展

人际互动是人类的社会化存在方式，不同时期的人际互动交往水平，其呈现方式取决于社会所能提供的交往手段与交往技术。

也就是说，在不断发展的人类社会中，人们的社会实践活动必然将生产活动和交往活动关联在一起。这说明社会的生产活动在互动主体的互动交往中展开，互动交往又是社会生产过程中不可或缺的重要环节。因为生产力的发展水平直接决定着人们社会交往中技术手段、工具器械和活动场所等因素的水平，而不同的交换技术、手段和工具则又决定着人际交往水平的高低，使社会生产力的发展水平直接象征着互动交往的程度和状况。图 1-23 所示为社会生产力与交往水平的关系。

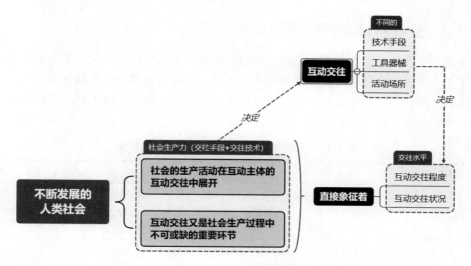

图 1-23　社会生产力与交往水平的关系

在人类社会发展的不同时期，由于交往技术手段应用不同程度的技术成果，所以，大众的交往水平也呈现出差异。表 1-10 所示为不同的社会发展阶段其交往水平的表现。

表 1-10　不同的社会发展阶段其交往水平的表现

不同的社会发展时期	交往水平的表现
人类社会早期阶段	低下的社会生产力和落后的交往技术，使大众的交往水平、规模与进度受到制约。因此，以血亲辨认和血缘关系为纽带的血缘式交往形态成为社会交往的主体形式

不同的社会发展时期	交往水平的表现
原始社会末期—近代前	提高社会生产力水平、强化社会分工以及应用先进的生产工具，使大众的生产水平得到提升，从而扩大了交往范围和提高了交往水平。以邻近性为支撑的地缘式交往形态大行其道
近现代以后	逐次提高的社会生产力使得大众社会交往技术手段也得到大幅度提升，而社会分工的全球化、专门化和精细化，让大众形成了更加广泛的联系。以从属关系为基础的业缘式交往形态占据人类社会交往的主体形式
现代—目前	网络信息技术的突飞猛进以及通信设备的产生与发展，使社会生产力和生产工具再一次对交往手段进行了变革。社会交往方式获得巨大跃迁，以网络连接为支撑的网缘式人际互动得以产生并逐渐占据主导地位

根据图表显示，变革交往手段以及改进交往的技术与工具，就可以提升人际互动交往形态的质量与水平。由此可以证明，社会人际互动的交往手段、工具和技术与交往水平是同步发展。

1.5.2　交往主体之间的互动共生

建立交往关系是形成交往主体的基石。在这种关系结构中，无论是人类社会中最早的生殖性交往还是现阶段的网络人际互动，交往主体都是在双向互动中确立并形成的。而交往关系是交往活动"双向构建"和"双重整合"的产物，表 1-11 所示为"双向构建"和"双重整合"的释义。

表 1-11　"双向构建"和"双重整合"的释义

交往活动	释义
双向构建	交往主体之间的双向互动活动构建着交往关系及其结构； 进而渐次整合出主体交往的规范以及规范化的交往结构，制约交往主体的行为； 使交往主体的交往行为呈现出合法性特征
双重整合	交往主体由于参与交往活动获得自身的积淀； 交往主体在获得积淀的基础上进行新的交往，产生新的交往规范，从低级到高级，从简单到复杂，从无序到有序； 最后获得交往主体在双向互动中的共生，并通过这种共生达到共同成长的目的

1.5.3　多因素交互制约的同比辐射

在社会存在和社会意识的相互关系中，社会意识呈现出比较独立的特征，即社会意识的变化呈现出非同步性。社会是一个有机整体，而在这个整体中，各个因素处于不同的层次；最终因占据不同的地位导致发挥的功能存在差异。因此，社会进步体现在构成社会的各种因素具有多层次性和差异性表征。

　　但是在社会的发展过程中，不断变化的社会基本矛盾发挥着根本性的带动作用。简单来说，就是社会基本矛盾的自身变化必然牵动、引导和控制整个社会有机体的变化，同时也必然将这种变化传播和辐射到社会的各个领域。

　　因为社会生产活动与社会交往活动具有不可分割性，致使社会基本矛盾的变化也会以类似的方式引导至社会交往活动的变动序列中，所以社会交往活动离不开时空环境的支撑。从社会生产力的变动到交往力的发展，社会活动的时间和环境自然地发生着变化。而在当今各种新兴技术的推动下，特别是网络人际互动的形成与发展，对于大众而言，变为时空的延展。

　　时空延展性完成着从对人的依附到对物的依附再到人的全面发展这一历史性转折，也是社会进步的多层次性展示，还是交往时空环境变动同比辐射的规律性展示。综上所述，网络人际互动的生成，展示了下述 5 个理念。

　　（1）是社会发展阶段中必然生成的产物之一；

　　（2）提供着合法性与合理性的依据；

　　（3）体现和表征着作为社会规律的鲜明特色；

　　（4）是基于技术而引发，也是引导和控制社会交往活动发展到当下的必然产物；

　　（5）让大众从更宏大的视角思考和探讨网络人际互动的本质性话题以及网络思想政治教育的深层次问题。

1.6　本章小结

　　本章中主要讲解网络互动的基础知识。具体内容包括网络人际互动的含义、人际互动的演化、网络人际互动的生成与发展、网络人际互动的特点以及网络人际互动生成的共时性演进等。同时，在大量的知识点中增加案例，帮助大家快速理解和掌握相关知识。

第2章 网络人际互动

网络人际互动是人类社会在信息技术与网络技术发展过程中产生的新型人际互动交往形态。如果想要分析与研究网络人际互动的本质内容，首先必须对网络人际互动的基本内涵进行阐释，再对其特征进行解析。只有如此才能让读者全面并深入地理解与把握网络人际互动的内在本质。

2.1 网络人际互动的含义

对于网络人际互动的阐述，业内人士有不同的看法和理解。可以从交往环境、互动关系、互动纽带和互动目标 4 个方面对网络人际互动的含义进行分析，各个方面所代表的含义如表 2-1 所示。

表 2-1 各个方面的代表含义

分 析 方 面	代表的含义
交往环境	在交往环境方面，代表的不是互动双方所处的网络技术环境，而是互动双方在网络技术环境中建立的价值关系情境
互动关系	分析互动关系方面时，需要确定互动双方不是单一的互动关系，而是呈现为主体间性
互动纽带	在互动纽带方面，分析时以生产、生活和生命体验为价值纽带，形成一种共享的存续方式，并呈现"主体→潜在客体"和"他人→潜在主体"的多维模式
互动目标	在互动目标方面，需要分析互动双方是否借助交往互动完成了个体网络社会化的目标

课堂讨论：主体间性是人与世界、主体与主体之间交流、对话、共生关系的性质。主体间性包含两个级别，一级主体间性是一个人对另一个人意图的判断与推测；二级主体间性则是一个人关于"另一人对他人意图判断与推测"的认知或认识。那么，在网络中进行互动的两方互动主体，其互动关系的主体间性呈现的是哪一种级别？

根据不同的分析方面，可知网络人际互动的基本内涵包括下述的 3 点内容。

（1）网络人际互动是构成网络社会基础关系的决定性因素；

（2）在网络社会环境中，网络人际互动是网民之间网络社会关系的表征；

（3）在网络社会与现实社会、网民个体与现实个体高度融合并互相渗透的背景下，网络人际互动是互动双方以数字化和符号化的信息中介系统为工具，进行的信息、知识以及精神共享的实践活动。

2.2 网络人际互动核心概念

如果大家想要彻底理解网络人际互动，就要对构成网络人际互动基本含义的核心概念进行分析与研究。

2.2.1 网络社会基础关系

在网络社会中，组成网络社会基础关系的因素包括网络人机互动、网络人际互动以及网络自我互动。它们反映的内容与现实社会中的人与自然、人与人、人与自我的关系相对应，如图 2-1 所示。

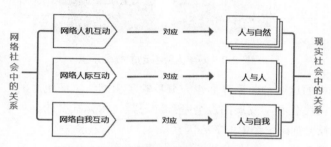

图 2-1 网络社会与现实社会中的对应关系

1. 网络人机互动

网络人机互动是网络社会空间形成与发展的技术支持系统。该系统反映了网络人机互动关系，构成了网络社会中人与自然的关系界面，如图 2-2 所示。

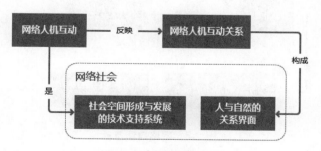

图 2-2 网络人机互动

网络社会中的人与自然关系界面充分体现了由网络空间组成的人类活动新场景是物理技术发展的产物。同时，该关系界面是网络互动交往双方赖以存在的物质基础，但不是自然力量的天然转化，而是一种技术社会化的"自然"转化。因此，网络人机互动的本质意义包含下述 4 项内容。

（1）是自然界进化和人类进化的技术化社会产物；

（2）是"网络的人化"与"人化的网络"的统一体；

（3）使网民具有支撑网络化生存的价值；

（4）属于网络社会基础关系中的前提因素。

2. 网络人际互动

网络人际互动是网络社会空间形成与发展的社会运行系统。该系统反映了网络人际互动关系，构成了网络空间中人与人、人与社会的关系界面，图 2-3 所示为网络人际互动的概念示意。

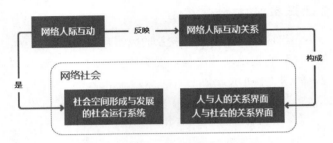

图 2-3　网络人际互动的概念示意

网络社会中的这两种关系界面也充分反映了由网络空间组成的人类活动行为场景。这不仅是网民生存与发展的社会基础，还是技术化社会的具体呈现。网络人际互动属于网络社会基础关系中的核心因素。

3. 网络自我互动

网络自我互动是网络社会空间的终端系统。该系统反映了网络个体的自我互动关系，这种关系又构成了网络社会空间中个体与自我互动的关系界面，如图 2-4 所示。

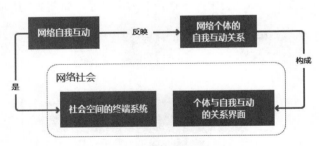

图 2-4　网络自我互动

网民个体的自我互动包括网民自我的身与心的互动、动机与行为的互动、真实与虚拟的互动以及功利性与审美性的互动等。

因为技术而得到扩展的网络个体自我互动是一种双层交叉性互动，也是现实个体与网络个体交织而成的互动。我们需要正视网络自我互动中的两种情况，两种情况的具体描述如表 2-2 所示。

表 2-2 网络自我互动中的两种情况

情 况	具 体 描 述
情况一	由于网络自我互动并非单纯的网上或网下状况，因此对个体自我互动的关系和活动只作一般性理解是不够的。需要以个体的现实社会人文底蕴以及承载的现实社会和网络社会的多重情怀为基础，在内心深处构建一个属于自己的互动交往视界
情况二	如果不能将网络个体自我互动的人文审美性作为网络虚拟行为生成与发展的价值原点和导向，个体极有可能使用悲观与纠结的心态面对网络社会生活，最终导致网络社会诞生的价值和意义成为虚妄和无效内容

通过对上述概念和表格中的相关内容进行归纳和总结，网络自我互动的本质意义包含下述两点内容。

（1）建立在不断升华的网络社会文化和网络个体精神之上，否则得到的只能是网络个体自我互动关系的价值缺失和悬置的历史合理性；

（2）属于网络社会基础关系中的终点因素。

综上所述，确定网络个体借助社会基础关系所要完成的社会化总目标是"信息共享→知识共享→意义共享→精神共享"。该共享过程不仅体现了网络人际互动的共时性特征，同时还使网络人际互动完成了与 3 项社会基础关系在纵向和横向的交叉并行运动。

2.2.2 现实与网络高度融合

想要知道网络人际互动为何会发生在网络社会和现实社会高度融合并相互渗透的背景下，首先需要理解并掌握现实网络社会和现实网络个体两个概念，两个概念的释义如表 2-3 所示。

表 2-3 现实网络社会和现实网络个体的概念释义

概 念 名 称	释 义
现实网络社会	现实社会与网络社会进行交融后产生的社会形式。这种社会形式既包括现实社会中的拓展内容，也包括网络社会中的崭新内容
现实网络个体	在现实网络社会中活动的个体。该个体既有着现实社会中的生活痕迹，又体现了网络社会中的特色表现形式，使现实身份和网络身份产生交织状态

根据上述概念可知，在现实网络社会生存的现实网络个体，其实在现实社会与网络社会高度融合、部分重叠和边界模糊的背景下，进行着网络人际互动，并且该种人际互动与传统的人际互动交往形态存在较大差异。图 2-5 所示为网络人际互动活动的差异性表现。

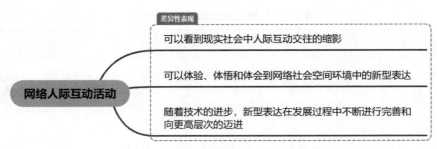

图 2-5　网络人际互动活动的差异性表现

　　根据网络人际互动活动的差异性表现，深入透彻地理解网络人际互动是在现实网络社会与现实网络个体高度融合且互相渗透下产生的新型交往形态。

2.2.3　信息中介系统和平台

　　网络人际互动是发生在综合性信息中介系统平台上的客观信息交流活动。与传统的发生在现实生活中的人际互动相比，网络人际互动的中介系统比现实社会中的人际互动实践活动更优秀。

　　在现实社会中发生的人际互动活动，互动双方拥有诸多中介方式，包括语言、文字、电报、电话、传真以及数字和符号等，但是这些中介方式只是作为一种媒介工具出现。网络人际互动的中介系统并不是传统人际互动媒介的简单拼凑组合，而是产生了实质性的变化，从作用单一的媒介工具变为社会意义上的综合性信息中介系统。

　　该综合性信息中介系统不仅对消息的产生与发展具有时间排序的功能，自身也存在着层级的划分，共分为 4 个层级，其各个层级的作用如表 2-4 所示。

表 2-4　4 个层级的作用

层　　级	作　　用
第 1 层级	该层级是以物理技术和硬件设备为中介的基础层级，发挥着信息传输的物理性支撑作用
第 2 层级	该层级以比特为单位，以 {0，1} 的二进制内转换的数字化信息层级为中介，发挥着信息传输的数据流作用
第 3 层级	该层级是以文字为线索，以直观体验为主，以文本、图表和音视频为内容的符号化信息层级为中介，发挥着信息传输的多样性作用
第 4 层级	该层级是以网络文本为标志的数字化符号化信息中介系统，是社会性信息中介，是一种拥有海量信息的人际互动信息中介系统

　　借助"综合性信息中介系统"平台，互动主体可以从多个渠道获取活动线索信息，减少了交往互动中信息的不确定性和不真实性，这会对互动交往的深度、广度和强度产生积极正面的影响。

与此同时，问题也随之而来，即如何将网络人际互动的综合性信息中介系统打造为真正意义上的社会性信息中介系统。针对此问题，可以从互动主体决定内容、依据交往的影响力以及建立交往信用体系和交往影响力体系等 3 个方向进行改进。图 2-6 所示为综合性信息中介系统的 3 个改进方向。

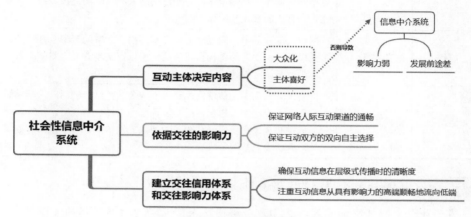

图 2-6　3 个改进方向

分析与研究综合性信息中介系统的目的是建立真正意义上的网络人际互动信息场域，即社会性信息中介系统。因为只有建立了社会性信息中介系统和平台，才能证明网络人际互动是一种崭新的交往形态，也才能体现和发挥网络人际互动在网络社会中的核心作用。

2.2.4　共享的实践活动

网络人际互动是一种互动主体共享信息、知识、意义和精神的实践活动。这是对网络人际互动交往内容和交往目的的规定，也是对网络人际互动交往目标体系的层级化阐释。

根据马克思主义理论得知，人类实践活动的目的就是满足人类自身的需求。可以理解为网络人际互动作为一种崭新的交往形态，其根本目的就是满足互动主体自身的各种需求。因而，从交往互动的内容提供、目的设定、目标达成的视角进行阐述，网络人际互动就是互动主体用以获取信息、探求知识以及愉悦精神的共享性活动。也就是说，网络人际互动的最大作用是共享。根据共享的程度和内容将共享作用划分为 4 个层级，各个层级的作用方向和具体释义如表 2-5 所示。

表 2-5　各个层级的作用方向和具体释义

层　　级	作用方向	具体释义
第 1 层级	信息共享	在网络人际互动中，互动主体的一方通过搜索和提炼信息，然后利用评论和经验交流等行为表达见解和看法，从而为互动另一方提供及时的信息，也向其反馈己方意见

续表

层 级	作用方向	具体释义
第2层级	知识共享	在网络人际互动中，互动双方对知识进行提供、获取、占用和享有等活动，是一项积累知识总量和扩充知识内容的行为。我们可以将每个网民看作一个知识零件，通过网络人际互动的链接，最终聚合为一个强大的知识共同体
第3层级	意义共享	在网络人际互动中，向互动主体分享网络社会空间资源，并理解、接受以及吸纳他人的重构自我活动，用以在文本意义上对网络人际互动进行解读与构建
第4层级	精神共享	在网络人际互动中，体现网民私人性与公共性结合的活动，其精髓不仅仅在于表达个人思想，而是以整个网络社会为视野，精选、记录、链接和传递有价值的精神，为他人提供帮助、分享快乐和愉悦精神，并彰显公共服务理念

案例 共享作用4个层级的案例说明

为了让大家能够更加深入和透彻地了解网络人际互动中共享作用的4个层级，下面将以案例的形式对这4个层级进行说明。

1. 信息共享

一个网民利用自己在网络社会中的信息积累，与另一个网民在社交平台上以发帖、直播、评论和回复等方式，发生的互动行为就是信息共享。例如，2018年的"361° MV&TVC& 快反 Social"传播行为，互动双方通过这些传播行为达到网络人际互动中的信息共享层级，如图2-7所示。

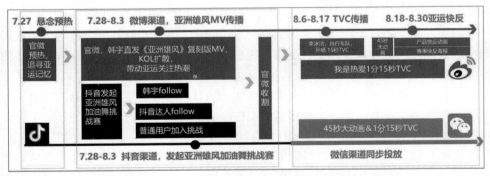

图2-7 "361° MV&TVC& 快反 Social"传播行为

2. 知识共享

文化素养高的任意网民在社交平台上发表相关的知识内容，其他网民通过阅读和讨论等形式获得相关专业知识，这个过程属于知识共享层级。

例如，网络名称为"科技的那些事"的网民，利用自身的策划能力、写作能力和视频创作能力在社交平台上发布一些关于相机技巧的图文或视频。互动双方通过图文和视频内容达到了网络人际互动中的知识共享层级，图 2-8 所示为知识共享层级中互动双方的互动行为。

图 2-8 知识共享层级中互动双方的互动行为

3. 意义共享

意义共享是人的价值共享，包括人的价值评价和价值取舍。例如，互动双方在交往过程中，讨论的信息内容可以在一定程度上帮助网民提升其对自我的认知，整个提升过程就属于意义共享。

例如，网络名称为"汤圆妈妈0101"的网民，利用宝妈的身份以及自身拥有的护肤和美食知识在社交平台上发布相关内容，引导互动双方的网络人际互动达到意义共享层级，图 2-9 所示为拥有强烈自我认知的网民发布具有价值属性的互动内容。

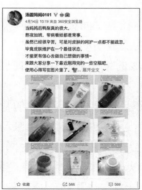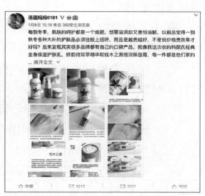

图 2-9 拥有强烈自我认知的网民发布具有价值属性的互动内容

4. 精神共享

精神共享是互动主体对现实世界中精神的再现和超越，表现为参与网络互动后网民在现实世界变革、创造和引领精神。这个表现代表了互动双方的网络人际互动达到了精神共享的层级。

网络的产生与网络人际互动实践活动的兴起，从根本性层面上满足了因为人类自身猎奇心理带来的各种需求。同时，网民作为网络社会中的个体，必然存在自我表达的欲望和精神互动的需求。参与到网络人际互动实践活动中的网民，意味着他们作出了如图 2-10 所示的选择。

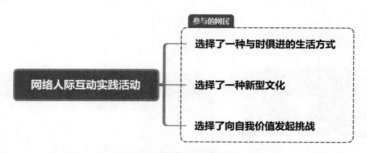

图 2-10　参与网络人际互动实践活动的网民作出的选择

课堂讨论：信息是知识的载体，而知识可以帮助互动主体对生存世界产生新的认知结果。根据信息与知识的关联性，我们可以尝试着分析与讨论网络人际互动实践活动所享有的共享作用，其各个层级能够展现的作用是否都是在信息的基础上展开的？信息对于网络人际互动来说，又代表着什么？同时，这些层之间是否呈现递进关系？

综上所述，作为互动主体的网民是网络社会空间的自然产物，而网络社会空间则是网民进行交往实践活动的栖息地。从这方面进行理解，网络社会空间具有维持网民网络生存行为的价值属性，为网民提供进行实践活动的信息、知识、意义与精神共享的多种要素。

基于上述内容，网民应该对网络社会空间拥有下述 4 点基本认知。

（1）网民要把网络社会空间作为实践活动的对象；

（2）网民要把网络社会空间形成的生活方式作为自己的生活资料与生命活动的材料、对象和工具；

（3）网民要把网络社会空间当作是自己拓展了机能的身体；

（4）网民要把网络社会空间作为进行实践活动的供应场域。

但是我们也需要知道，网络社会空间并不会直接为网民提供各种所需要的实物性内容，它只为网民的生存与发展以及网民与网络社会空间之间协调关系的建立提供某种可能性和混沌边界。因此，网络人际互动就是一种追求共在、关注共享和展示公共性应用的网络交往实践活动。

2.3　网络人际互动的本质

网络人际互动作为一种发生在网络中的实践活动，它是由两方面原因形成的，这两方面的原因可以很好地体现网络人际互动的本质。

2.3.1　虚拟的交往行为

网络人际互动发生在"人→机→人"的多线程集成式平台中，随着技术深度介入后，逐渐呈现出身体缺场的虚拟性行为。

对比传统的人际互动交往形态，网络人际互动出现了许多新的特征，包括网络的匿名性和身体缺场心灵在场两个特征。这些特征为网络人际互动行为增加了一定的虚拟感，如图 2-11 所示。

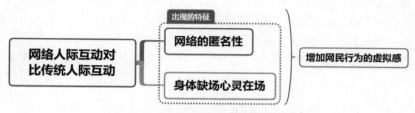

图 2-11　网络人际互动的虚拟交往行为

1. 网络的匿名性

网络的匿名性使网民可以拥有多个账号，并让网民既能同时在线进行交流，也可以在线下倾诉。简单来说，就是匿名性能让一个网民在网络社会中既保持单一的身份角色，也能够不停地变换网络身份。

网民身份的不确定和难以识别，打破了传统社会中人际互动因社会规范的制约而造成的言行非自由性。同时，由于网民身份是以数字化和符号化的方式进行展示，使互动过程中网民的身份匿名表现为技术性匿名和社会性匿名两种情形，如图 2-12 所示。这两种情形使网民之间的交往活动以虚拟行为开展。

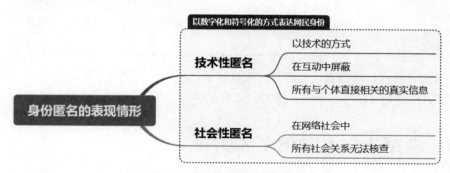

图 2-12　身份匿名的两种情形

2. 身体缺场心灵在场

网络自带的许多特征会增强网民的去抑制性。无论一个网民在网络社会空间中如何变换自己的身份和网名，都改变不了在现实社会中养成和积累的思维方式和价值观念。任何一个网民在网络社会空间中的言行与现实行为中的价值意向和精神导向是趋同的。

人们将技术与心灵在场进行结合后运用到网络人际互动中，必将呈现出一种超越现实人际互动的行为表现。因而，网络人际互动其行为特征的形成与网民主体的创造性和超越性密切相关，甚至网民主体的创造性和超越性是网络人际互动行为的多维表征与诠释。

2.3.2 改变信息交流的载体

当人际互动实践活动的信息交流载体发生了变化后，根据新的信息交流载体会形成新的人际互动交往形态。由于新的信息交流载体本身自带的特点，使网络人际互动与传统现实社会的实践活动呈现出诸多不同，包括人际互动操作平台、人际互动信息处理方式和人机互动信息留存途径，具体变动以及各个变动的具体表现如表2-6所示。

表 2-6 信息交流载体的具体变动以及各个变动的具体表现

具 体 变 动	具 体 表 现
人际互动操作平台更加简便	网络的产生，网民只需一台计算机或手机并连接网络后，就可以进入网络人际互动的操作平台。如此简便的操作方式大大提升了大众对于网络人际互动的参与度
人际互动信息处理方式更加优越	随着网络技术的发展，网络人际互动的互动主体可以处理与接收海量的信息内容。无中心、无疆域的交往空间扩展了互动范围；及时、迅速以及便利的信息流动方式提升了互动速度、频率和质量；多维的信息流动为互动主体提供了同步与异步的多层次交流
人际互动信息留存途径更加实用	网络文本的超链接性、网络信息的可储藏性以及网络表达技术的仿真性，使得网络人际互动实践活动的交流信息具有了随时查阅、长久保存和能够复制等特性

根据表格内容可以看出，信息交流载体的巨大变化为网络人际互动交往形态超越传统人际互动交往形态提供了强大的技术支持。

2.4 网络人际互动的基本特征

网络人际互动的基本特征是网民在网络社会空间中相互交流沟通过程中呈现出的特点和表现。网络人际互动的基本特征可以归纳为主体共存性、内容符号性、环境语言性、工具链接性以及宣传传递性等5个。图2-13所示为网络人际互动5个基本特征的形成原因。

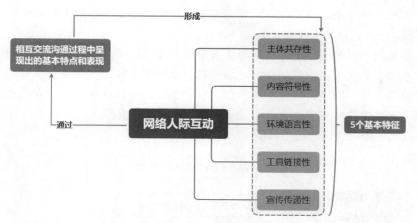

图 2-13 网络人际互动 5 个基本特征的形成原因

2.4.1 主体共存性

科技的发展和互联网的普及，进一步提高世界的关联密度和整体性，使共享资源成为人类社会的基本生存方式。在以互联网为基础而形成的网络社会空间中，网民之间的关系随资源的变化而变化。

马克思和恩格斯在《共产党宣言》中指出："代替那存在着阶级和阶级对立的资产阶级旧社会的，将是这样一个联合体，在那里，每个人的自由发展是一切人的自由发展的条件。"可以看出，在马克思和恩格斯的思维中，共产主义社会的生存方式在于它的共存性，即人与人之间需要建立的是一种和谐和统一的联系。

在网络社会空间人际关系的形成过程中，互联网的发展趋势使网络人际互动产生了同源性、广泛性、秩序性和互动性等特征，这些特征让"共存"的生存方式更加明显，如图 2-14 所示。

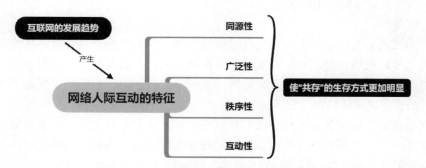

图 2-14 网络人际互动的特征使"共存"生存方式更加明显

1. 同源性

在网络社会空间中，网络个体与任意数量的交往对象进行互动，这些互动主体之间只存在一种关系，即网络人际互动主体在互动过程中构建的生存方式以表达关系而存在，因此，网络互动主体具有共存性。

简单来说，就是网络个体之间的实践活动形成网络人际互动关系，而网络个体以这种互动关系而留存于网络社会。这是每一个网络个体产生的缘由，而同样的出场方式使所有参与网络人际互动的个体具有同源性，并且这种同源性表现在网络个体之间、网络个体与网络族群之间以及网络族群与网络族群之间。图 2-15 所示为网络人际互动主体同源性的共存表现。

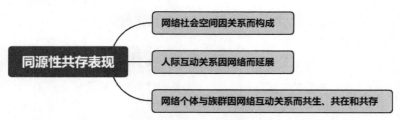

图 2-15　网络人际互动主体同源性的共存表现

在这种同源性共存表现中，虽然网络个体的思维、心理以及行为会因为个体在现实社会中文化积累的差异导致其表现出不同，但是互动主体的同源性还是网络个体之间完成交流沟通的根基。

2. 广泛性

由于个人是生活在社会形式和社会关系中的个体，因此需要在社会关系实践活动中确立个体的现实维度，用以表现现实个体具有广泛性。

在网络人际互动过程中，网络个体之间、网络个体与网络族群之间以及网络族群之间的共在关系，是人与人之间的一种动态联系，而人际关系的结束状态表现为关系的消失。因而，共存先于存在，互动关系改变着存在。

综上所述，网络人际互动呈现出比较明显的广泛性特征，即网络个体或网络族群是以产生的关系而共生和共存的。

3. 秩序性

在网络社会空间中，不同网民可以形成多种多样的关系。是否能够将这些多样化的关系提炼成规律性认知，是反映和把握网络人际互动关系的本质因素，也是分析网络人际互动共存性特征的重要因素，而网络人际互动关系的秩序性是"共存性特征"的重要展示，如图 2-16 所示。

网络社会空间中各种各样的关系将网络人际互动关系网组成了一个繁复且有秩序的体系。这个体系的秩序性可以表现出网络人际互动关系的完整性、网络人际互动关系的关联性和网络人际互动关系的组织性等特点。

1）网络人际互动关系的完整性

在繁复的体系内部，不同类别的互动关系构建着完整的体系脉络，使网络人际互动关系呈现出鲜明的完整性。网络人际互动关系中的完整性不是所有互动关系的简单相加，而是在互动关系的相互作用下不断推进和完善整个体系。

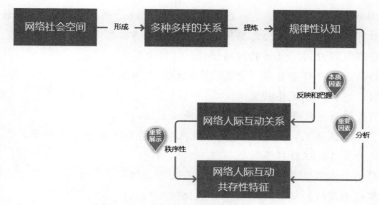

图 2-16　网络人际互动的秩序性

2）网络人际互动关系的关联性

在复杂的网络互动关系和高级的技术平台基础上，网民个体之间、网民个体与网民族群之间以及网民族群之间都会产生不同程度的作用。而就独立的网民而言，其情感、认知、行为和意志等关系也会产生各种各样的联系。

3）网络人际互动关系的组织性

在没有外界干预的情境下，组织性是指体系在构建以及演化过程中，将物质、能量和信息不断向结构化、有序化和多功能方向发展，最终使系统的结构、功能产生自我改变的特性。

在体系的构建过程中，组织性一般表现为 3 种情况，包括从无序状态到有序状态的序列演化、由组织程度低到组织程度高的层次演化以及在同一层次上的从简单到复杂的过程演化，如图 2-17 所示。

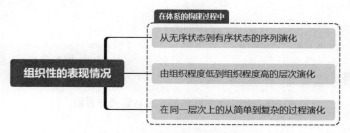

图 2-17　组织性的 3 种情况

同样的道理，网络人际互动的秩序性也表现为这种组织性特征。具体表现为，随着网络信息技术的逐步创新以及网络个体深层次交往的精神需求，良好的网络人际关系也必然走向自我规定和自我构造的方向，用以大力发展自身。

案例　网站利用实名认证操作加强网络人际互动的秩序性

由于如今的网络社会空间不仅包含着真实信息，也充斥着各种各样的虚假信息，所以国家为了保障网民的合法权益，出台了规范网民真实身份信息登记的活动。遇到以下4种情况，网民需要如实提供真实的身份信息。

（1）新网民签订固定电话的入网协议；

（2）新网民签订移动电话（含无线上网卡）的入网协议；

（3）网民增加网络服务种类；

（4）网民登录网络平台时的实名认证验证。

进行了实名认证后，网络人际互动的秩序性主要体现在5个方面。图2-18所示为不同网站的实名认证操作界面。

（1）有利于实名信息验证数据受到政府法律保障；

（2）有利于预防和遏制垃圾信息和通讯诈骗信息；

（3）有利于从源头上威慑、预防和打击各类违法犯罪活动，真正保障电信用户的合法权益；

（4）有利于维护国家安全和社会稳定，以便建立完善可靠的互联网信用基础；

（5）有利于确定网民身份，让商家和网民之间彼此了解和交流。

图2-18　不同网站的实名认证操作界面

4. 互动性

在网络人际互动的过程中，因为互动双方都以对方的出现而存在，所以进行互动的一方网民既是主体又是客体。而拥有主体与客体双重身份的网民，其特点表现为相互依存和自由结伴，这些特点突出和增强了交往主体的互动性。

2.4.2　内容符号性

人类在发展生产生活方式的过程中创造了一种叫作文化的精神产物，并且以符号的方式进行展现，而符号也是最简便和使用历史最长的文化记录方式。因此，大众可以通过恰当的设计让文化形成一个符号体系，使符号成为记录文化的内容工具。

互联网的产生与发展，使符号体系变得更加完善和强大，从而让人类行为处于广泛应用符号的情景系统之中。网络人际互动内容的符号性包括复合性和拓扑性等特征，如图 2-19 所示。

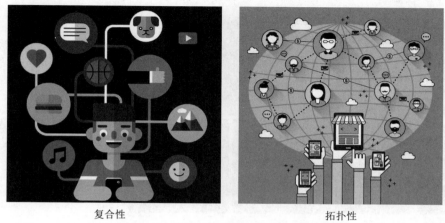

复合性　　　　　　　　　　　　　拓扑性

图 2-19　网络人际互动内容中的符号性

1. 复合性

在形成和缔结网络人际互动关系的过程中，肯定需要内容的支撑。而互动内容需要借助符号体系呈现，这是对符号的广泛应用与查验认知。

在互动过程中，使用符号呈现的交流内容并非单一化情形，而是由文字、图形、视频以及声音等多种符号类型所构成的复合体语言系统。因此，网民在进行网络人际互动时，对符号的多重运用和复合运用，会直接影响互动主体其交往人数、交往效率以及交往体验等内容的强烈程度，如图 2-20 所示。

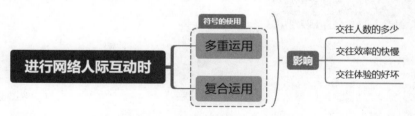

图 2-20　符号的多重和复合应用

2. 拓扑性

拓扑最早出现在数学分支的几何学科中，强调的是"研究几何图形或空间在连续改变形状后还能保持不变的一些性质"。根据拓扑原理，可以认为在网络人际互动的内容呈现中，应用符号可以鲜明地体现出内容的拓扑性。

这种性质表现为无论网络人际互动的主体扩大到何种规模，交往的关系增强到何种层级，互动过程中使用的符号本身不会因这些量变而发生变化。

案例 网络人际互动的拓扑性在影视剧宣传中的体现

影视剧《怒晴湘西》开播前和开播后，在网络上将多种符号类型以复合和多重的形式进行组合，制作成不同的宣传海报，最终以不同的创意内容呈现给参与互动的网民。图 2-21 所示为《怒晴湘西》影视剧的创意宣传物料。

图 2-21　创意宣传物料

网络人际互动的一方将《怒晴湘西》影视剧的大量宣传物料铺设在各个网络社交平台上，为其进行大规模和多方式的传播。由于影视剧本身的精良制作和十分到位的宣传效果，使得《怒晴湘西》影视剧开播后成绩斐然，图 2-22 所示为《怒晴湘西》影视剧的豆瓣评分。

图 2-22　《怒晴湘西》影视剧的豆瓣评分

在影视剧《怒晴湘西》的网络宣传互动中，符号具有的普遍性意义使网络互动的拓扑性非常明显。而且符号的普遍意义也充分说明了人际互动的内容呈现不仅有规律可循，还具有一定的内在稳定性。稳定性具体表现在两个方面，如图 2-23 所示。

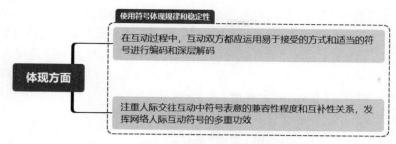

图 2-23 使用符号体现规律与稳定性的方面

网络人际互动符号性中的拓扑性使网络社会空间中繁复而庞大的表意系统始终可以正常运行，而互动内容的符号化成为生成网络人际关系的路径之一。

2.4.3 环境语言性

网络社会空间编织了一个庞大的语言环境系统，让网络人际互动在这个庞大的系统内开展并完成着不同语言的呈现。因此，网络人际互动环境中体现出鲜明的语言性特征，其中包含了歧义性、异质性以及情境性等特征。图 2-24 所示为不同网络人际互动环境中表现的语言性特征。

图 2-24 不同网络人际互动环境中表现的语言性特征

1. 歧义性

在网络人际互动环境中，无论互动双方在现实生活中是朋友、同事、同学、家人或在网络中认识的朋友等关系，他们借助网络进行互动，其话语沟通必然是由文字、图形或声音组成的语言。

在不同的语言环境下，相同或类似的语言会产生不同的含义，这就是网络人际互动环境的歧义性。特别是借用网络流行语或专业术语进行互动沟通时，更加容易体现出互动双方交流的歧义性特征。

在实际的网络人际互动环境中，如果一方采用文字文本形式而另一方采用图形文本形式，互动双方就会在沟通过程中出现问题，最终导致交流受阻；而如果双方都采用图形文本形式，则也会由于实际年龄、受教育程度、情绪、不同的人生阅历、性别以及应用熟练程度等原因，在交流过程中理解信息时产生歧义导致交流受阻。图 2-25 所示为互动双方交流受阻和产生歧义的原因。

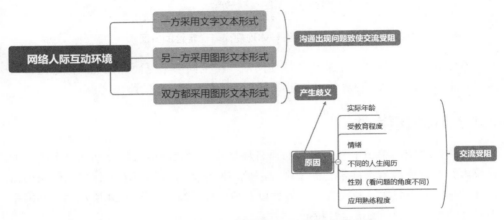

图 2-25　互动双方交流受阻和产生歧义的原因

当互动双方对呈现内容产生歧义时，如果想要互动继续进行，互动双方必须根据对方的思维揣摩其意图，再及时调整自己对呈现内容的理解，通过不断变换内容呈现方式与沟通技巧，用以改变交流受阻的境遇。

2. 异质性

在网络人际互动环境中，互动双方的沟通在一定程度上存在着异质性。这种异质性的存在源于互动双方秉承着不同的文化背景、风俗习惯、抗压心理以及价值取向等因素。在实际的网络互动中，双方一般都会按照自身的文化底蕴和三观理念呈现内容并进行认知、判断和评价。互动双方的交往过程也是彼此对信息编码和解码的过程。

也就是说在网络人际互动环境中，互动主体拥有的不同文化价值取向、观念和行为模式，会使互动主体根据不同的规则接受信息、筛选信息、转化信息和传播信息；这些文化差异导致每一个网络个体在心理张力、行为张力以及对待陌生人的张力上展现出不一致的内容。图 2-26 所示为网络个体因为文化差异体现不一致的内容。

3. 情境性

在网络人际互动过程中，互动双方需要在一定的情景下才能进行交流互动。一般情况下，互动双方所处的交流情景会呈现出特别明显的复杂化和多样化。据此，我们可以认为在网络人际互动的过程中，包含了互动语言应用、互动主体角色表现和互动内容呈现方式的 3 种场域，各个场域及其释义如表 2-7 所示。

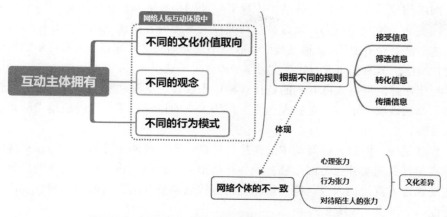

图 2-26　网络个体因为文化差异体现不一致的内容

表 2-7　3 种场域及其释义

应用场域	释　义
互动语言应用场域	互动双方的交往性质和的交往活动等，例如互动双方使用的语言以及语言本身涉及的信息范围与性质等
互动主体角色表现场域	互动的一方作为信息发布者和提供者，其发布角色的特点、性质和地位，与互动另一方的角色关系。角色关系包括临时的互动角色关系和长期稳定的角色关系两种
互动内容呈现方式场域	在互动情景中互动双方交往话语发挥的作用，例如内容呈现方式的符号组合及其在互动情景中的功能和属性等

在网络人际互动过程中，因为交往互动双方存在的各种差异，使交往互动的情境呈现出极大不同，这就是网络人际互动环境的情境性。研究网络人际互动的情境性特征，并将其概括为上述 3 种场域，可理解和掌握人际在互动过程中，互动双方因交流而呈现出的心理、思想、观念和行为发生变化的轨迹与蕴涵的规律性。

课堂讨论：上述内容中介绍了 3 种场域，不同的场域代表了情境中互动双方差异性表现的不同侧重点。我们可以尝试在不同情境中，分析与研究互动双方的行为表现，然后阐述互动双方的行为表现具有哪些不同，同时根据这些差异性表现明确情境属于哪个场域？

2.4.4　工具链接性

网络信息技术的发展催生了超链接文本，而超链接性文本对于网络人际互动产生了巨大影响。实际上，超链接是一种可以快速将网民传送到需求网址的指向性因素，体现着迅速和直观的时代特征。

网络构建了一个丰富立体的多维世界，使网络人际互动由单纯的网络个体浏览行为转变为一种互动行为，而这种互动又以文本为内容呈现基础。但是任何科学技术都是一把"双刃剑"，高速发展的互联网不仅会为网络人际互动带来许多的好处，也会让网络个体的互动行为具有浅阅读和碎片化等缺点。

综上所述，网络人际互动的链接性特征不仅体现在互动行为中，而且会反映在网络个体的现实生活中，在极大程度上带领大众的日常生活永远向超越当前状态的方向发展。

也就是说，网络人际互动中的链接性特征，表现在两个方面，一是在更深层次上分析与把握现实社会与网络社会的并存情形；二是以在该情形中大众的思想与行为变动轨迹为直接切入点。链接性特征的这些表现使互动工具形成了超现实性和超标准性两个特点，如图 2-27 所示。

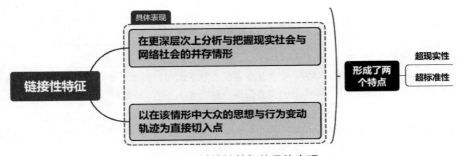

图 2-27　链接性特征的具体表现

1. 互动工具的超现实性

飞速发展的网络信息技术使网络社会更多地出现在大众的生活中，而网络社会的虚拟性、自由性和开放性，也使大众愿意重新规划和改变生产生活方式与逻辑。同时，更多的人愿意参与到网络人际互动中，与互动工具的超现实性息息相关，具体表现在 3 个方面，如表 2-8 所示。

表 2-8　超现实性的表现方面

表现方面	具体表现
无限延展性 技术虚拟性	在互动关系构建的网络社会中，网民可以自由发挥创意。因此，网络社会比现实社会包含更多施展才华和挖掘潜能的机会与途径，包括交友、娱乐、需求帮助以及分享经验等
突破现实社会的狭隘性	网络人际互动使现实社会中的个体进入了一个全新空间。在该空间中，为了人类在现实社会中隐藏的好奇心能够得到满足，诸多网民为自己创造无数马甲，并与陌生人展开新的互动行为
网络社会化的根本途径和重要生存方式	在互动工具层面上，网络人际互动成为网络个体进行网络社会实践的关键性载体，是人类社会实践活动的网络表达方式与崭新形态，表现为普遍意义上的仿真性、开拓性和技术性以及特殊意义上的结合性、组织性和超越性

2. 互动工具的超标准性

我们可以从日常生活中发现，网络改变了社会的生态结构。人们选择网络是因为网络化生存的需要。但是由于没有专家或学者输出统一和标准的行为规范，让人们在网络社会的互动行为无所依存。由此可见，网络社会其实是超标准的和超规范的。

根据现实生活的视角和有关规定，强调网络社会的标准是超越现实社会的。因此，现实社会包含的人际互动以及相互吸引的标准并不适合网络人际互动，而网络人际互动工具的超标准性表现在网络人际互动中网民自我展示的随意性、网络人际互动中双方在空间标准上的表现为高密度和高频率以及网络人际互动中对交往内容的评判标准发生变化的 3 个方面，3 个方面的解释说明如表 2-9 所示。

表 2-9　超标准性 3 个表现方面的解释说明

表 现 方 面	解 释 说 明	
随意性	原因	身体缺场和匿名身份
	结果	展现更加丰富和复杂的自我，释放在现实中被压抑的情绪和承受的压力
高密度高频率	以互动双方之间的接触密度和频率标准作为互动的依据；网络个体进行越多的自我揭示，接触的密度和频率就越高；网络个体还可以同时游走在众多的网络群体和网络应用中	
评判标准发生变化	限制因素	大量文字信息、图片信息和音视频信息的复制与链接
	制约表现	降低双方对互动内容的审美张力；影响双方对互动内容的审美认知；降低双方对互动内容的审美体验

2.4.5　宣传传递性

实际上，网络人际互动也是一种网络宣传与传播活动。对于网络人际互动宣传的把握，宣传效果为其提供了参考标准。在宣传效果的研究中，总结了下述 6 种观点。

（1）宣传效果是检测传播者、传播内容和传播媒介对大众接受情形的一种量化标准或呈现程度；

（2）宣传效果是指传播者在改变受众固有逻辑和潜在观点等方面的表现；

（3）宣传效果是传播行为对现实和网络社会文化带来的积极影响；

（4）宣传效果是指传播媒介其功能的发挥程度；

（5）宣传效果的重点是检测受众对宣传内容的接受程度和态度；

（6）宣传效果是指传播者利用传播媒介将宣传内容传递给受众的过程中，对受众、社会和传播者自身所产生的影响以及影响所带来的各种变化。

同时，还可以衡量和检测受传者在感知、思维和情感层面的指标，用以反观宣传效果的传递性。深入理解这种思路后产生一种认知，网络人际互动的宣传会呈现出鲜明的传递性特征。

网络人际互动宣传的传递性特征，具体内容是指双方互动后彼此产生的变化以及这种变化对社会的影响或改变等两个方面。

双方互动后彼此产生的变化是在双方互动文本的基础上，以浏览点击率、阅听读回复率、留言跟帖率和回忆复述率等进行分析，用以检测双方在感知、思维、情感和意志层面上的变化；而从其他网民的网页点击率、情感认同率、行为支持率和信息转引率等方面进行分析和研究，可以把握互动对网络人际环境乃至社会带来的影响，如图 2-28 所示。

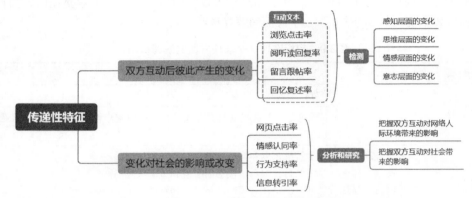

图 2-28　传递性特征的两个表现方面

网络人际互动宣传的传递性特征是通过宣传效果的多义性和累积性，完成产生、发展和成形的演化过程。

1. 多义性

网络人际互动既包含过程，也涵盖着结果。在互动双方的交往过程中，既含有合法合理性的叙事表达，也含有示范性的错误表达。从互动结果来看，既含有信息先传者意图的真切抒发，也含有受传者的个性解读。同时，一旦互动文本形成，就可能超越信息先传者的思维，这就是网络人际互动内涵的多义性。综上所述，网络人际互动宣传的多义性包括了互动文本的整体多义性和互动用语的独立多义性的两个方面，形成多义性两方面的原因如图 2-29 所示。

🔖 **课堂讨论：** 多义性是指一个事物、人物或文本具有多重释义，而多重释义包括事物、人物或文本自身所包含的内容以及其他人对其的不同理解等两个性质。我们可以尝试着讨论与分析在网络人际互动宣传的多义性中，它的两个方面分别属于哪个性质？

2. 累积性

网络人际互动的宣传是在动态发展中累积起来的，这种累积性，既存在正面的效果累积，也存在负面的效果累积；既表现为纵向序列的线性累积，也存在横向拓展的网状累积。在交往互动过程中，互动双方对于信息的接受而言，存在着相似的认知心理和意义构建原则，如图 2-30 所示。

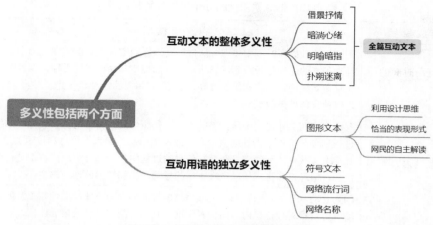

图 2-29　形成多义性两方面的原因

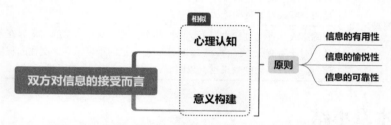

图 2-30　互动双方对信息接受的认知心理和意义构建原则

　　人们利用网络互动个体的自我剖析式信息解读方式，形成了互动过程中信息负载意义的异质性和不等量性，使得互动交往信息的宣传效果对于双方而言都存在着不同，而这种过程的持续发展必然导致互动信息宣传效果的叠加和累积，如图 2-31 所示。

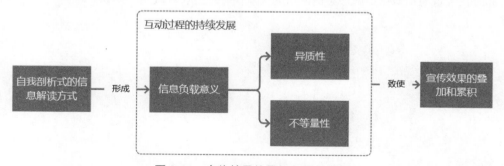

图 2-31　宣传效果的叠加和累积过程

　　在实际的网络人际互动中，形成信息宣传效果的累积性有 3 个原因，分别是双方互动时间的积累性、双方互动内容的相对性以及互动需求的满足性，3 个原因的解释说明如表 2-10 所示。

表 2-10　形成累积性的 3 个原因的解释说明

形 成 原 因	解 释 说 明
双方互动时间的积累性	因为宣传效果在时间中体现，所以互动双方的宣传效果凝固在时间中。双方互动积累的时间越长，不仅意味着双方高频率和高密度的交往，也意味着对于宣传效果的认同度和接受度高，还意味着相互的吸引和彼此的影响也较大，最终使宣传效果明显
双方互动内容的相对性	互动双方在交往活动中所传递的信息，按照信息的内容与真实性程度的标准进行划分，可以分为社会类信息、政府类信息、学术类信息和技术类信息 4 种类型。其中，互动双方在分享信息的过程中，大部分消息应该都是社会类信息，信息内容也应该以日常生活的经验交流和情感性话题为主
	因为互动双方关系的强弱和获取信息内容的偏向与个体倾向性相关，所以互动双方对相对性信息内容的积累程度和互动范围与互动效果成比例发展
互动需求的满足性	动机是个体活动的动力与方向，而需求是动机的根源。不管是在现实生活还是在网络生活中，对于个体而言，社交都是一个不可或缺的需求，而网络社交的井喷式发展也印证了它的重要性
	在网络人际互动过程中，虽然不同的个体对于交往信息的需求存在差异，但是，对于所有个体而言，信息需求获得满足的程度越高，交往的程度也就越深入，交往互动的效果也就越明显

2.5　本章小结

　　本章中主要讲解阐述网络人际互动的内涵和解析网络人际互动的特征用以分析和研究网络人际互动的本质。具体内容包括阐述网络人际互动的内涵、分析网络人际互动的内涵、网络人际互动特征的形成原因以及网络人际互动特征的表现方面等，同时在大量的知识点中增加案例，帮助大家快速理解和掌握相关知识。

第3章 网络人际互动的结构和作用

网络人际互动本身是由各种因素组合而成的一个系统结构。该结构的作用是维持整个网络社会的正常运转，并根据系统结构形成特色鲜明的行为模式，推动着网络人际互动的发展演变。

3.1 网络人际互动的系统结构

网络人际互动作为一种交往实践系统，其结构由系统内部诸多因素组成，包括互动的主体要素、载体要素、信息内容要素、过程要素以及宣传要素等，这些要素使网络人际互动结构特点呈现多维性。图 3-1 所示为网络人际互动的结构要素。

图 3-1　网络人际互动的结构要素

不同的要素在整个网络人际互动系统中处于不同的地位、显示不同的状态以及发挥不同的作用，使网络人际互动的结构层次性特征更加醒目。分析网络人际互动系统结构，有助于深入了解互动系统的内在规定。

3.1.1 主体要素

一般情况下，网络人际互动实践系统的主体由网民个体和网民群体部落组成，从而形成 3 种互动状态，包括网民个体之间的互动、网民个体与网民群体部落之间的互动以及网民群体部落之间的互动，如图 3-2 所示。

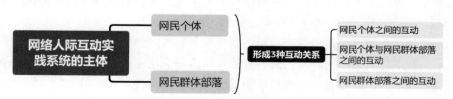

图 3-2　网络人际互动实践系统的主体

从普遍性的角度对网络人际互动的结构进行分析，结构主体要素的形成因为多种元素影响使个体与群体存在差异，通过互动状况归纳主体要素的共性，互动主体包含角色要素与行为要素。

1. 角色要素

"角色"原本是指戏剧中演员所扮演的人物。将这一概念引入社会学后，形成了"角色理论"。这里的"角色"是指处于一定社会地位的个体，依据社会的客观期望，借助自己的主观能力适应社会环境、遵循社会规范所表现出来的行为模式。简单来说，角色作为一种行为模式，它的基础是社会地位，动因是社会期望，目的是适应社会。角色对于网络人际互动来说，有下述 3 个作用。

（1）角色是互动的前提，也是互动的结果；

（2）角色是在互动双方构建关系时形成的，可以根据不同标准得到不同的类型；

（3）角色是互动双方在遵循网络交往规范的前提下共享信息的技术表达方式。

从网民个体层面来看，按照现实社会中角色的一致性标准，网络人际互动中的网民个体其角色可以划分为互补性角色、吻合性角色、混乱性角色和冲突性角色 4 种类型，各角色类型的释义如表 3-1 所示。

表 3-1　各角色类型的释义

角色类型	释　　义
互补性角色	网络角色关系中的一方以另一方的身份判断己方身份的角色类型，例如互动一方是医生，则互动另一方就是病人
吻合性角色	互动双方的行为模式与自身角色贴合度较高的角色类型
混乱性角色	互动双方在网络互动过程中发生方向迷失，使网民个体的行为模式不符合角色身份的角色类型
冲突性角色	互动双方的观念和利益无法相容而导致的角色类型

从网民群体层面来看，按照网民群体在网络人际互动的行为标准，可以划分为标题族、愤青族、专业灌水族、发帖族、潜水族、客观理性族以及"杠精族"等类型。

2. 行为要素

网络社会空间自身的特点以及网民角色扮演出现的不同状况，使网民的行为体现出极大的自主性、自由性以及较为突出的流动性。按照网络社会规范、互动结果、互动双方参与程度和信息输出方式的标准，可以将行为划分为不同类型，图 3-3 所示为主体行为划分标准。

在互动过程中，网民个体与网民群体的角色呈现都会对网络互动行为产生极大的影响，进而渗透、影响和制约现实社会的交往和生活。

无论网民扮演何种角色或变动扮演角色及其行为习惯，都是网民本质属性的一种展示与技术性表达，同时也会成为分析网络人际互动主体角色要素和行为要素的依据。所以，网民的自我性、虚拟性和真实性等基本属性，决定着网络人际互动中主体角色与行为的形成与演变进程。图 3-4 所示为网民的 3 个基本属性。

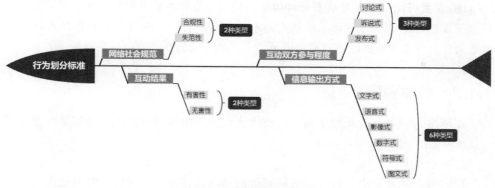

图 3-3　主体行为划分标准

图 3-4　网民的 3 个基本属性

（1）自我性：能够消除现实生活中的抑制心理，更能反映和衬托个体内心的真实想法；

（2）虚拟性：网络社会空间的特性，也是网民的本质属性的表征；

（3）真实性：个体在网络社会中表现出的自然本性。它不等同人的纯自然属性，是人自然属性的网络化形式。

这 3 个基本属性，使网民个体呈现出网络社会性特点。此外，网民的本质属性中还包含了极为鲜明的个性化特点。当现实个体进入网络社会后，将从两个方面展示自己的个性化，如表 3-2 所示。

表 3-2　个性化的两个展示方面

展示方面	具体描述
精神方面	在进网之前，不同的个体包含不同的人格特质、个性倾向以及角色心理，都将影响网民对交往互动的需求程度，从而使网络人际互动的价值实现和观念形态呈现多样化
行为方面	当个体进入网络社会后，不同的网络角色扮演、上网目的和需求，使网民的网络言行存在较大差异。同时，网民对网络人际互动的投入程度不同，必然导致网络人际互动的角色扮演与行为质量出现差异

综上所述，只有把握了网民的网络社会性和个性化特点，才能更好地揭示网民交往互动中角色扮演与行为发生的结构原理，也才能深入了解和把握网络人际互动结构的稳定程度与功能的发挥程度，并找到提升网络人际互动结构稳定性的路径。

课堂讨论： 为了能够更好地理解网络人际互动系统结构都有哪些组成要素，我们可以根据网络人际互动系统结构的组成内容，尝试着分析与讨论传统人际互动其结构由何种要素组成，这些要素与网络人互动结构的要素有何区别与联系？

3.1.2 载体要素

在网络人际互动的系统结构中，载体要素主要由两部分组成，分别是时空要素与技术要素。

1. 时空要素

在网络人际互动中，时间是网络互动的基本存在方式。同时，时间是人类发展的空间，也是人类的基本存在方式。网络人际互动的时间要素包含的具体内容因不同的划分标准被分为多种类型。

按照互动的时间长短、互动的时间状况、互动目的、互动是否有盈利以及互动对象的熟悉程度等标准，划分的时间类型如图 3-5 所示。

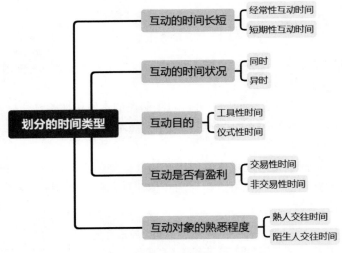

图 3-5　划分的时间类型

人类对于生命的体悟与展现都是通过时间来完成的。这种生命体悟与展现，一方面是时间的本质生成和内在性体现，另一方面是时间的生成过程和外在化表征。这些表明了时间因素可以让网络人际互动持续发展下去；而网络人际互动的展开也是时间的拉伸和具体呈现，如图 3-6 所示。

除了时间要素以外，空间也是网络人际互动得以存续的基本形式。因为网络人际互动是在网络社会空间中完成的，所以不同的空间划分标准会产生不同类型的空间环境。

按照个体登记注册的真实程度、网络信息的呈现程度、个体的网络语言环境、互动关系的亲密程度、个体表现的真实性程度、互动关注的程度以及互动内容的接收方式等标准，划分的空间类型如图 3-7 所示。

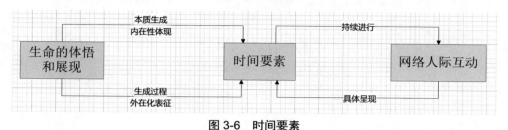

本质生成
内在性体现
持续进行
生命的体悟和展现
时间要素
网络人际互动
生成过程
外在化表征
具体呈现

图 3-6　时间要素

实名空间
匿名空间
个体登记注册的真实程度
隐私信息空间
公开信息空间
网络信息的呈现程度
母语空间
非母语空间
个体的网络语言环境
家人空间
朋友空间
同学、同事空间
陌生人空间
互动关系的亲密程度
划分的空间类型
个体表现的真实性程度
真实空间
假象空间
互动关注的程度
焦点空间
失焦空间
互动内容的接收方式
视觉空间
听觉空间

图 3-7　划分的空间类型

由不同划分标准形成的网络人际互动空间类型，可以多维度与多层面地展现和揭示网络人际互动空间的广延性，同时以空间形式延伸着网民的生存意义和生命价值，标示着交往主体在网络社会空间中崭新的历史性作用。由此可知，空间是网络人际互动系统结构生存与发展的载体。

2. 技术要素

网络人际互动的系统结构其本质就是网络信息科技发展过程中的产物。同时，技术设备成为网络人际互动的载体。该技术要素主要包含两个层面，分别是以计算机为代表的硬件设备与以界面为标志的软件技术，如图 3-8 所示。

1）硬件设备要素

硬件设备不仅是网络人际互动的物质基础，也是网络人际互动系统结构的第一层载体要素。借助这一级载体，网民之间可以获取图像、文字和声音等类型的信息。

实际上，由于该载体只能以电子数字信息的方式通过显示屏和扬声器向互动主体的视和听器官传送信息，使网民只能通过操作键盘和鼠标的方式参与交往互动的信息收发环节；该方式的劣势是缺少身临其境的真实感受，优势则是较高的收发频率。

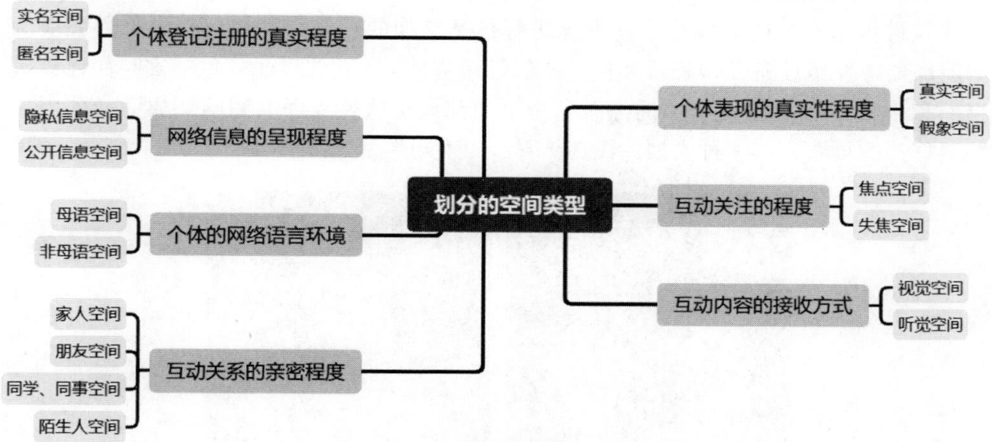

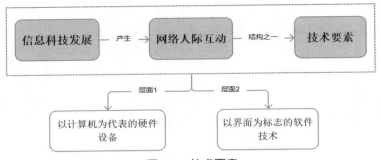

图 3-8　技术要素

2）软件技术要素

软件技术开发的界面是互动主体进行信息交换的载体。界面包括硬件界面（例如遥控器、穿戴设备、传感器和摄像头的显示界面）、软件界面（包括安装在计算机桌面和手机桌面上的 App 中的任意一个页面都属于软件界面）和网页界面（使用浏览器打开的页面）等 3 种类型。图 3-9 所示为不同类型的界面。

图 3-9　硬件界面、软件界面和网页界面

在界面设计中，通过应用程序服务器和数据库服务器联通网民使用的计算机或

手机，这样就形成了人机交互系统，界面也由此而诞生。在界面中，包含了文字、图形、语音、可视化数据、数字以及视频等信息元素，将这些信息元素有序、规律地集成在一个范围内就构成了界面。

正是这些界面，为网络人际互动的系统结构提供了交往平台和信息传递渠道。显然，以界面为标志的技术性载体是网络人际互动得以完成的第二层级，是以精美的界面以及科学地处理各种感知元素之间的关系和秩序，能够提升网络人际互动的效能。

3.1.3　信息内容要素

在网络人际互动的系统结构中，信息内容要素是互动内容的结构形态和结构体系。如果互动过程中没有出现信息内容要素，则网络人际互动将丧失其存在的合理性，因此，整个互动过程是需要通过内容要素架构支持的。

马克思主义认为内容决定形式，可以理解为因为内容的存在，使网络人际互动呈现五彩斑斓的状态，并能够在时间与空间的维度中构建出独具特色的属性。

网络人际互动的信息内容要素按照不同的划分标准，可以呈现出不同类型的信息内容。按照互动内容的盈利情况、互动内容的重要程度、互动内容涉及的范围、互动内容的学科、互动内容的真实程度以及互动内容的种类等标准，可以划分出如图 3-10 所示的内容类型。

图 3-10　划分出的内容类型

不同类型的信息内容所包含的内容，因指向不同将表达出不同蕴意，使内容结构体现出整体性、层次性和序列性等特点。

实际上，网络人际互动就是主体之间的信息内容互动。因此，信息内容要素在网络人际互动系统结构中占据着非常重要的地位。

3.1.4　过程要素

在网络人际互动中，如果将信息内容要素定义为系统结构的静态化存在方式，则过程要素就是系统结构的动态化存在方式。过程要素使网络人际互动更加符合它的本质含义。

一般情况下，系统结构的过程要素分为 5 个阶段，分别是定向发起、尝试沟通、亲密接触、稳定发展和淡化分离。为了更加深入和系统地了解过程要素的 5 个阶段，将具体描述各个阶段的情形和作用，如表 3-3 所示。

表 3-3　5 个阶段的具体描述

阶段名称	具体描述
定向发起	处于定向发起阶段的网民，由于双方在此之前没有任何接触，所以双方关系与认知停留在注意、察觉和定向选择以及初步接触对方的情形
	某个网民发布的一句话、一件事、一张图片或一个大众化的符号，引起另一方网民的关注；在了解对方与结识对方的交往需求驱动下，向对方发出互动邀请，而当对方也有相同或相似的交往需求时，便可开展互动
	因为双方在该阶段中通常采用简单和简短的信息内容方式完成互动，所以这一阶段是网络人际互动的初始阶段
尝试沟通	处于尝试沟通阶段的网民，因为双方在更多方面进行了沟通，力求达成较多共识，使双方的交流内容增多以及逐渐减少交往氛围中的陌生感
	在这一阶段中，双方通常采用评论、转发信息内容以及少许原创信息内容等形式完成互动，而且信息内容一般不涉及个人隐私
亲密接触	处于亲密接触阶段的网民，由于交流时所涉及的内容广泛、互动时间拉长，不仅可以提高互动双方之间的互动频率，还能增加互动双方的亲密程度，从而形成一定程度的信任感、依赖感和安全感
	在该阶段中，双方通常采用大量网络中已有的素材再加上部分原创性内容的形式完成沟通互动，并且内容中会包含部分个人隐私或私人领域，让互动双方的情绪进行更深层次的交流
稳定发展	处于稳定发展阶段的网民，由于双方沟通交流的相容性较强，同时对诸多问题会采取相同的态度或看法，所以互动双方的情绪应该是平稳的，双方的关系则是缓慢发展的
淡化分离	处于淡化分离阶段的网民，是双方经过一段时间的互动后发现对方不是自己所需的交往对象，使得现有交往互动情感减弱甚至消失，最后以终止互动关系为结局的情形
	这该阶段中，互动双方通常采用无应答、隐藏身份、删除包含对方内容以及删除好友或列入黑名单等方式完成互动

3.1.5　宣传要素

网络人际互动的宣传要素，既是互动过程的结束标志，也是人际互动结果状态的展示工具。网络人际互动是否处于良性运行状态、人际互动关系及其交往秩序是否处于正面发展，取决于双方提供的信息内容、交流沟通的媒介工具和互动过程的亲密程度等因素，如图 3-11 所示。

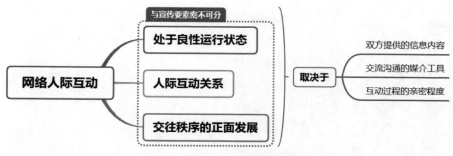

图 3-11　网络人际互动的发展的取决因素

在一定程度上可以说，宣传要素的展现效果，可以直接验证网络人际互动系统结构中其他要素的地位和作用是否匹配。同时，依据不同的标准可以得到不同的效果类型，例如长期与短期、现实与潜在、积极与消极、显性与隐性、直接与间接等。

实际上，网络人际互动系统结构的宣传要素的重点考察因素有两个，如图 3-12 所示，这两个因素能够判定宣传要素在网络人际互动系统结构中的所属层级。

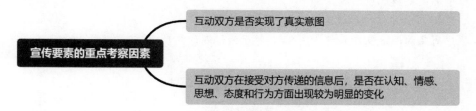

图 3-12　宣传要素的重点考察因素

其中，从"认知→情感态度→行为"的一系列变化，是互动宣传效果"逐渐累积→深化→全面扩大"的过程。

互动双方表现出的行为状况通常以浏览、评论、转载和分享等方式进行表达，虽然网络人际互动的系统结构非常复杂，但是网络人际互动正是因为有了诸多要素的组合排列才形成了的较为稳定的系统结构。

案例　易触达·网易严选推广商品

网易严选以搞笑视频的形式推荐 4 款单品，易触达使用官方微博原发视频，以此为原点进行大范围转发扩散，图 3-13 所示为网易严选发布的原始视频博文。

网络人际互动活动的方案包括下述几项内容。

（1）资源配置：根据产品以及视频的风格对互动内容进行匹配。

产品属性包括家居、生活和时尚等类型；

视频风格包括幽默、搞笑和情感等类型。

（2）内容引导：每一则视频都匹配不同的传播文案；利用千人千面的方式保证传播内容的丰富性；为博文添加电商链接，用以促进销售导流转化。

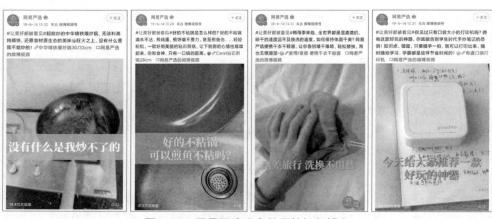

图 3-13　网易严选发布的原始视频博文

（3）发布时间：配合微博的用户活跃时段，选在一天中的晚上六点以后陆续发布视频。

（4）话题炒热：配合官博话题＃让美好都被看见＃持续烘托话题热度，在这个过程中沉淀更多优质内容。

根据互动方案，通过大量微博博主转发执行传播力度，并配合话题热度最终实现推广商品的网络互动目标，图 3-14 所示为话题的热度数据。

图 3-14　话题的热度数据

3.2　网络人际互动的行为模式

社会交换理论认为，人与人之间的关系本质上是一种给予和收回的均衡模式；社会特性理论也认为，社会关系是自我概念中的重要组成部分，通常人类把自己看得比其他人更重要，同时也把自己的家庭、朋友以及关系较为亲密的人看得比其他人更重要；社会渗透理论认为，互动关系的亲密程度与人际交往中的沟通水平成正比，而自我暴露则是沟通的一种特殊方式，它是互动双方交换与消化隐秘信息的过程，并且随着沟通内容的逐渐深入，互动双方之间的关系也将逐渐变得更加亲密。

但是无论以哪种角度分析网络人际互动的关系和互动模式，都必须承认，网络人际互动与现实社会中的关系存在差异，在该交往形式的形成过程与状态下，将产生新型的关系。

基于上述观点，需要思考怎样判断网络人际互动的基本行为，才能使其更加符合网络社会的具体情况。但是由于网络自身具有的特性，使各个答案都包含不确定性。于是在具体的分析中，必须把握网络人际互动基本行为的划分依据。

从社会交换理论研究网络人际互动的一般意义，可以得到一种分析结果，即网络人际互动包含了下述 3 个层面的话题。

（1）交流双方的行为基础。该基础由网民个体的 3 个内容组成，分别是交往行为的驱动力、交往行为的目的以及预设的交往效果；

（2）交流双方的行为选择。该选择既受制于网民个体的自身因素，也受制于网络社会空间形成时所产生的交往规则因素；

（3）交流双方的行为结果。该结果是交往双方的验证工具。

综上所述，互动双方的网络交往行为就是互动双方在网络社会空间中的一种角色关系。从网络人际互动行为产生的角色关系来看，将存在 4 种角色关系类型，包括亲近型、疏远型、互助型和对抗型。与此相对应，网络人际互动的交往行为也可以分为 4 种类型，分别是网络利他行为、网络利己行为、网络合作行为以及网络冲突行为，如图 3-15 所示。

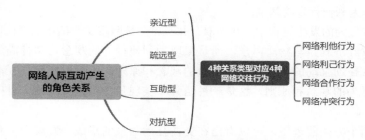

图 3-15　角色关系类型与交往行为类型

3.2.1　交往行为中的利他行为

由于网络信息技术的迅速发展，而网络社会空间的规则和管理相对落后和散漫，导致网络利他行为问题被大众所关注。接下来从界定、特征、表现形式和发生原因等方面探讨网络利他行为。

1. 界定方面

无论采用何种界定标准，道德属性都是网络利他行为的本质属性。关于现实社会中的利他行为，学者们有两种不同的看法，其一是肯定其为人的一种普遍义务，其二认为它是人的一种善行。

如果将利他行为当作一种个体普遍需要承担的义务，那么也就拥有了与义务相对应的权利。但是在现实生活中，利他行为通常是个体对受助人的爱心行为，是个体基于自愿自觉状态下的自我选择。

而这种爱心行为，对个体来说是一种分外行为，因此体现了利他行为本身含义的模糊性和不确定性。由此可知，在网络社会空间中，互动行为产生的角色关系具有不稳定性和不确定性，导致在一定程度上，网络利他行为同样表现出模糊性和不确定性，图 3-16 所示为利他行为中模糊性和不确定性的表现。

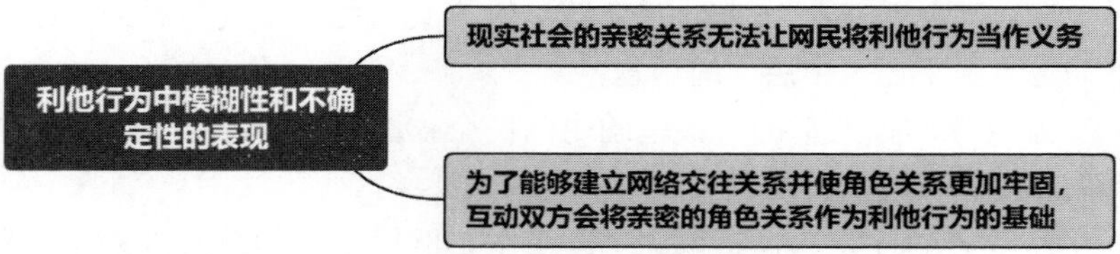

图 3-16　利他行为中模糊性和不确定性的表现

（1）现实社会的亲密关系无法让网民将利他行为当作义务。

亲密关系包括亲戚关系、同学关系、同事关系和朋友关系，有些关系尚达不到主动承担义务的程度。现实社会中的相对固定性，使互动方承担了义务，就拥有了权力。

网络社会中的角色关系具有易变性和随意性，这使承担义务变得更加自主，表现为互动方拥有自愿性格、慷慨性格和奉献精神时，更加勇于承担责任。

（2）为了能够建立网络交往关系并使角色关系更加牢固，互动双方会将亲密的角色关系作为利他行为的基础。

在交往行为的发生过程中，互动双方并不完全按照现实生活中的"代价→报酬"公式，获取经济利益与物质需求，而是表现为利他行为的观念与精神满足，也通过互换角色或帮助互动的另一方实现自身的观念和原则，还可以在交往互动中增强并扩展利他行为的观念和原则。这是一种增强和实现角色关系互动性、有序性以及系统性的活动。

结合两个方面的表现，可以看出在交往互动关系的形成与发展中，互动双方交往关系的长短、不同的交往背景或独特的价值评判尺度等，都会在一定程度上影响、制约和推进交往关系的变化。但是，不管怎样变化，都应该将网络利他行为定义为一种网络社会中的道德行为，这是对网络利他行为本质的最好诠释。

2. 特征方面

如果从网络利他行为的动机和起因方面分析，网络利他行为拥有明显的情感性、规则性和目的性特征。各个特征的成因与具体表现如表 3-4 所示。

表 3-4　各个特征的成因与具体表现

特　　征		成因与具体表现
情感性	成因	在网络社会中，由于网民约束力的减弱，使其更加自由地展示自己。同时，网络不会直接为网民提供物质性产品，而是无数网民通过信息共享和知识共享等手段、工具与平台，进而产生更多网络优势与利益的增加以及精神的愉悦 这使具有丰富感情的个体在网络交往中，必然也会将现实生活中的性格和情感等应用于网络互动中，而网络利他行为中的情感主要是同情
	表现	同情是指人的一种道德移情能力，包括网民想要建立的新型角色互动关系、不求回报的自我奉献以及在情境刺激下他人帮助的不彻底性等 这种普遍存在于网络个体之间的相互同情，使网络利他行为者通过"以己度人和角色互换"的人格形式身临其境地体会受助者承受的各种压力、焦虑和痛苦，从这种感同身受中激发自身的网络利他动机，并以此实现利他目的

续表

特　征		成因与具体表现
规则性	成因	利他行为的规则性动机来自现实社会的道德规范和网络社会的特定要求，也是网络个体的自律与他律而呈现的一种行为
	表现	对于遵从网络道德规则而言，网络个体利他行为表现得更多是基于自律，也更加凸显人类的主体意识和能动性
目的性	成因	因为利他行为是以功利主义为目的的，是为"绝大多数人的最大幸福"这个规则服务。所以利他行为中的"他"被规定为"绝大多数人"，而利他的结果则表现为增进快乐指数或减少痛苦指数
		因而，想要实现功利主义必须以人的"高尚情操"为基础，而实际上，高尚情操就是一种利他动机的培养与推广
	表现	在网络社会中，就网民个体而言，如果他的行为以功利主义为目的，则这种行为与自身利益无关，也不是针对特定对象，而是基于该行为相关的所有（现有和潜在）交往对象的利益
		例如在网络社会中依据需求者的相应信息提供针对性服务，包括"需求→提供→下载""提供内容→下载"和"寻求解答→提供方案"等行为

在实际的网络人际互动行为中，利他主义中"行为者必须与利益相关者保持一视同仁"的要求很难做到。该要求在满足一部分人的同时很难满足其他人，因此导致网络利他行为表现出一定的局限性。但是不管何种结果，在道德层面上，网络个体的功利性利他行为是正当的，同时也是应该提倡的。

3.2.2　交往行为中的利己行为

在人际互动的交往行为中，利己行为就是在利己主义思想下产生并执行的行为。简单来说，个体在讨论利己主义时，一般会通过添加一些合理的前提用以界定和佐证该行为的正当性。利己主义包括普遍利己主义与个人利己主义两种。

（1）普遍利己主义：每个个体在追求个人利益的同时不损害他人利益以及不妨碍他人追求利益，使社会效率最大化；

（2）个人利己主义：个体在追求自己利益最大化的过程中，只关注自己的利益而不关注与维持任何人的利益。

在网络人际互动过程中，网络个体的利己主义行为通常表现在与其他网民的互动关系处理上，这些表现可以分为网络骚扰、网络强迫和网络暴力 3 类，每一类行为的具体表现如表 3-5 所示。

表 3-5　3 类利己行为的具体表现

类　别	具体表现
网络骚扰	不断给互动方发送消息和不断给多方发送信息的行为
网络强迫	强迫对方回答自己提出的问题，硬性要求对方打开视频以及广告弹窗不设置关闭按钮等
网络暴力	以语言、图表或图像形式谩骂、威胁和恐吓互动方

通过研究这种网络利己行为可以发现，在这种行为下，网络个体都以个人的角度思考、评估以及作出决定，一般不会不顾及他人的感受与利益需求，特别是精神利益需求。此时，互动双方的关系表现为疏远甚至竞争关系。在多个观点、主张与意见不能完全统一的网络个体与网络群体中，更容易产生个人利己行为。

大量网络利己行为的出现，会导致网络社会中存在各种负面言行，严重影响着网络的发展与进步。因此，网络利己行为在极大程度上减少了网络社会中网民的利益总量，造成一种恶劣的网络道德行为，所以顺理成章地成为治网行动中首当其冲的目标，例如由国家网信办主持的"清朗活动"。

案例 **利己和利他行为使小程序完成量变，引流更多用户**

对于任何小程序来说，首先要解决的难题一直都是"拉新"，即产生源源不断的新用户。在"拉新"的过程中，建设基础的流量池比较容易完成，其难点在于如何使小程序实现量变。

1. 用户量变心理：利己和利他

移动互联网发展至今，强调最多的就是"场景"二字。因此，几乎所有互联网大厂都通过掌握"场景"来发展业务和增加创收，例如微信的社交场景和支付宝的支付场景。同样的道理，想要一款小程序发生量变，首先要知道用户在哪些场景下会完成量变行为，分析这些行为的动机并利用动机可以引流更多用户。

1）朋友圈

由于很多小程序都是通过朋友圈场景完成量变，所以朋友圈是微信生态中重要的量变场景。例如，互动一方将自己玩"猜画小歌"小程序时的截图发布到朋友圈，如图 3-17 所示。不是因为截图本身有趣，而是该互动方希望自己更多的朋友在看到截图后认为自己的画、行为或性格是有趣的。

该行为的重点是分享截图的网民而非小程序，即自我价值的实现。这是互动方使用朋友圈和小程序满足利己心理的行为。这里的"利"不但包括"情感满足"，也包括"物质利益"，例如解锁游戏机会和获得购物优惠等。

2）社群

除了朋友圈以外，社群是实现小程序量变的第二个场景，而且小程序通过社群（社群包含一对一的聊天和两个人的对话等都属于社群的范畴）产生的量变效果通常高于朋友圈产生的效果。互动方在社群中发布交往信息，无非有两个因素，即"利己"和"利他"。例如，小程序中的"拼团"和"优惠券"功能就是典型的"利他"量变的产物，如图 3-18 所示。

邀请他人参与活动不仅可以帮助自身获得收益，还能帮助其他互动方获得收益。网民会更加愿意通过社交手段将小程序分享给互动方，从而实现小程序的引流目标。

2. 小程序量变方式：利己量变和利他量变

当一款小程序已经牢牢抓住了网络人际互动中互动双方的量变心理，接下来就要为产品设计落地量变方式，进一步实现小程序的引流目标。

图 3-17　分享界面

图 3-18　"拼团"和"优惠券"功能

1）利己量变

利己量变的主要应用场景是朋友圈，根据讲解过的利己心理的核心在于"帮助互动方表现自己"这一观点，该观点中包含两个关键词，即"表现"和"自己"。

首先，自己即人际互动中的主体，如果该网民希望以"利己"方式传播小程序，那么在量变设计中，需要无时无刻重点突出互动主体。而突出主体的两个要素包括头像和 ID，具体表现为其他互动方在看到头像和微 ID 时，可以立即依靠两个要素识别出互动主体的身份，帮助互动主体树立独一无二的形象，从而产生信任关联。图 3-19 所示为"猜画小歌"小程序中 ID 和头像始终位于界面内最醒目的位置。

其次，突出"表现"。其他互动方知道传播内容与互动主体有关后，下一步就应该帮助互动主体突出其优点，而如何帮助互动主体突出优点，通常使用对比的方式。

图 3-19　"我的"画作

2）利他量变

利他量变的核心在于互动方在执行利他行为后带来的实际利益。在网络人际互动中，最常见的利他量变方式就是拼团。这里的拼团是指广义的拼团，包括助力解锁、砍价和拆红包等行为或活动，都属于"拼团"式量变。在利他量变的发生过程中，最重要的是分享引导文案。例如拼多多的分享引导文案，每一步都设计得非常巧妙，如图 3-20 所示。

图 3-20　分享引导文案

它的每一步文案都充满了引导，都突出了利他属性，使得互动双方在不知不中跟随引导文案完成了利他行为，最终帮助小程序实现引流目标。

3.2.3　交往行为中的合作行为

在网络人际互动的交往行为中，合作性的行为强调互动双方的行为交互性。简单来说，就是在互动过程中双方不仅需要思考自己的需求，同时也必须思考对方的需求，并以满足对方的利益需求作为实现己方利益需求的前提。

基于此，使互动双方的互动关系带有明显的互利性、互惠性、稳定性和持久性等特点。同时，这种合作互动行为可以建立一种较为典型的网络社会性关系。一般情况下，交往互动中的合作行为包含被自愿性网络合作行为和自愿性网络合作行为两种表现。两种表现的具体释义如表 3-6 所示。

表 3-6　合作行为的两种表现

表　现	具　体　释　义
被自愿性网络合作行为	网络社会与现实社会中的行为发生存在较大差距。现实社会中，多次主动与陌生人打招呼或打电话等，通常被视作骚扰行为。而在网络社会中，无论从信息共享、知识交流、意义沟通和精神愉悦方面，被动回应的一方只要对主动方做出了答复，即被视为被自愿性网络合作行为；即便是较为简单的回应，也是合作行为
自愿性网络合作行为	具有文字、语音和视频聊天以及浏览、共享文件、群组等功能的社交工具，互动双方可以凭借该工具在实时和非实时的时间内进行互动，这是自愿性网络合作行为。进行该行为时，互动双方随时提交问题并与其他网友以合作、辩论的方式进行交流。同时，互动的各方都具有一定的心理准备和网络认知，遵循着网络社会的一定秩序，而且明确网络言行与现实言行存在一定差距，不必计较对方的一些过分言行。如果在现实社会中是同事、同学、师生和朋友等关系，这种网络合作行为则表现得更为突出

综上所述，无论互动方出于何种交往需求，都希望可以长久保持不变的互动关系。由此一旦形成较为固定的互动关系，互动各方都会试图建立诚信的交往关系，甚至愿意相信网络社会中许多人都存在此种良好愿景。所以，这种合作性的网络互动关系被看作是合乎理性的交往行为。

🖊 **课堂讨论**：前文中的"小程序引流案例"可以很好地突出网络人际互动中的利他行为和利己行为，我们可以根据该案例的方法，尝试着分析与讨论自己经历的网络人际互动活动中，哪些行为属于合作行为，该行为的何种表现使我们明确了其属性？

3.2.4 交往行为中的冲突行为

人际冲突被定义为发生在相互依赖对象之间的一种动态表达过程，是当双方感知到相互意见分歧且实现目标受阻时，反映出负面情绪的过程。该定义从争执、负面情绪和干涉等 3 个方面进行归纳，并认为在任何特定的实践中，要包含这 3 个方面的内容才能算作人际冲突。

随着网络信息科技的发展，网络人际互动中的冲突现象也日益突出，而发生在虚拟社区中的冲突最为典型，具体表现为网民之间的冲突、网民与版主之间的冲突、管理层之间的冲突以及社区运行、国家政策与网民利益之间的冲突等。通过在网络交流过程中分析冲突行为发生的原因，会发现互动双方存在着 4 个方面的原因。图 3-21 所示为导致冲突发生的 4 个原因。

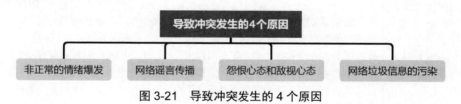

图 3-21　导致冲突发生的 4 个原因

互动双方在交流过程中，由于相关信息不透明、网络意见被片面鼓吹以及网络个体借机的自我发泄等，都会导致非正常情绪的爆发；而网络造谣者的娱乐心态与发泄心态、网络传谣者的无意与有意心态、信谣者的从众心态以及传谣者的不平衡心态，也都会导致网络谣言开始传播。

综观发生冲突行为的原因，将发现最根本的原因在于从现实社会到网络社会的转型过程中，各种矛盾与利益的失衡所致。网络人际互动中的冲突行为的基础是互动方对利益的追求，而冲突行为的严重后果表现为两方面。

（1）阻碍互动双方的正常消息传递和信息交流；

（2）互动双方缺少诚信，不仅影响互动过程的良性运行，还存在引发大规模网络互动冲突的可能性，最终将发生大规模的网络群体事件。

3.3 网络人际互动的作用与影响

网络人际互动的结构与行为模式决定了其功能的发挥，而网络人际互动的功能发挥与其产生的影响和作用成正比，同时发挥的功能也遵循着从内到外的秩序，即影响过程是从网络社会的角色关系到现实社会的人际互动。

3.3.1 网络人际互动对网络社会的影响

网络互动中的人际互动、人机互动和自我互动形成和建立了网络社会的基础关系，而网络人际互动的运行与发展，对网络人机互动、网络自我互动以及网络社会生活都具有深远影响。

1. 对网络人机互动和网络自我互动的影响

在网络社会的运行过程中，人机互动同人际互动的关系密不可分。网络人际互动对网络人机互动的影响主要表现在两方面，如表 3-7 所示。

表 3-7 对网络人机互动的影响方面

影 响 方 面	具 体 表 现
总体趋势与发展走向	在网络社会生活中，网络人机互动发挥着物理支持作用，构建着人与网络物理空间的相互关系。因此，网民同网络社会各种物理元素之间的关系受制于网络人际互动，网络人际互动活动水平的高低、规模和程度等等都制约着网络人机互动的水平和运动方向。网络人际互动从整体上影响着网络人机互动的发展趋向
操控方式与技术表达形式	由于技术是实践活动的产物，所以人对于技术来说，具有鲜明的为我性。虽然在不同种类和不同层次的网络人际互动活动中，各种关系的形成、维持与发展，需要借助各种技术条件和物理界面作为支撑，但是网民一旦形成较为稳定的互动关系之后，就可以在一定程度上推进网络人机互动的发展或者阻碍网络人机互动的普及范围。这种状况充分反映了网络人际互动对网络人机互动的操控方式与技术表达形式存在制约和影响

网络自我互动作为网络空间系统的构成终端，与网络人际互动和网络人机互动有着密不可分的关系，而且较为复杂的网络自我互动活动体现着双重的自我互动关系。

网民在网络社会中进行自我互动，而网民的现实身份也会进行自我互动，所以网民的网络自我互动实际上是网络自我和现实自我的双重自我互动的叠加。在这种双重互动过程中，网络人际互动对网络自我互动产生的作用表现在两个方面，如图 3-22 所示。

图 3-22　网络人际互动对网络自我互动产生的作用

1）固化作用

在个体的认知机制层面讲，每个个体在接受外部信息之前，本身存在一个预成图式，即知识的先验结构。当外部信息与原有知识有较大类似时，个体原有的知识会得到固化，使内外达成一致。对于网民而言，当其发生人际互动或人机互动时，自身对外部互动关系的期待、认知与互动事实一旦吻合，相关互动的认识和知识得到固化。由此可见，在客观上表明网络人际互动对网民自我互动的深层制约有助于强化网民的自我意识

2）规整作用

一旦网民自我认知与事实上的网络人际互动不吻合，网络人际互动带来的相关认知将超越网民自身先验结构。网民将会以全部采纳或部分采纳的方式对待外部信息的介入，并内化到自身的原有结构中，在客观上表达和体现着网络人际互动对网民自我互动的规整作用。网民的自我互动可能为网络人际互动的先验结构带来的冲击采取拒斥态度。

2. 网络人际互动对网络社会的影响

网络人际互动是一种共享信息的交流活动，由于此种活动是借助网络技术、硬件设备和软件工具来完成，因此会对网络社会乃至网络生活的两方面产生了极大的影响，包括对网络社会的推动性以及制约网络社会发展的异化性。

1）推动性

网络人际互动对网络社会的推动化作用主要体现在 3 个方向上，包括数字空间、建立机制和文明理念，各个推动方面的具体表现如表 3-8 所示。

表 3-8　体现推动化作用的 3 个方面的具体表现

推 动 方 面	具 体 表 现
数字空间	网络信息技术的发展，为普遍关系的缔结提供了条件和基础，使人类整体一起进入了无边际的数字空间。在巨大的网络社会中，比现实社会更加简单的人际互动关系能够使网络个体聚合成联系紧密的整体，积极推进交流互动，各个网民相融相通，从而实现网络社会的全面发展

推动方面	具体表现
建立机制	借助软件工具赋予网民之间的关系，扩大互动主体的交往沟通范围；网民对工具和技术具有依赖性但却不丧失个体的自我独立性。以此为前提逐步建立网络在线信用体系及其相关的网络管理制度，并且网络人际互动推动了法律法规的建立与健全，同时健全的法律法规可以对网络人际互动行为进行更加有效的调整与治理
文明理念	网络人际互动及其交往关系将大大改善和提升适合网络社会需求的文明理念。网络的诞生与适应未来社会发展的各种理念相匹配，因为网络本身就是平等、自由、开放的代名词。因而，对于网络个体而言，适合网络社会生活需求的价值理念必将在这种互动关系中得到加强和推崇，人的自主性、创造性等主体性内涵得到强化与深化，使网络社会真正成为以人为本，自由、和谐、文明的人类活动场所和精神家园

2）异化性

随着网络信息技术的发展，网络人际互动水平得到进一步提升。但是网络人际互动水平的提升不仅对提高网络社会的发展和真实性程度具有积极作用，同时也对网络社会存在异化倾向性的消极作用。网络社会中的异化性影响的产生主要有 3 方面的原因，如图 3-23 所示。

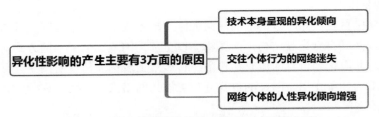

图 3-23　异化性影响的产生主要有 3 方面的原因

（1）技术本身呈现的异化倾向

科技的进度决定了网络人际互动的存在与发展。在网络交往互动中，信息内容既是技术的产物也是技术的体现，所以网络人际互动对技术和工具的依赖增强了技术和工具对交往个体的制约，使技术和工具成为网络人际互动中控制个体的异己力量。这不仅影响与制约网络人际互动的发展，也影响与制约着网络社会的健康发展。

（2）交往个体行为的网络迷失

在网络社会中，网民很有可能因为行为的高度网络化而迷失，使其丧失一定的主体性，从而出现网络行为的异化倾向。网络迷失包括网络沉溺和网络犯罪等多种失范网络行为。个体出现异化后其言行将影响人际互动的过程与结果，进而影响整个网络社会关系的正常运行与良好网络生活的展开。

（3）网络个体的人性异化倾向增强

如果打破网络信息技术（物质需求）与个体（精神需求）之间的平衡状态，人际交往关系变得冰冷和不近人情，以追求信息以及占有信息为目标，使网民的尊严与价值受到技术的质疑与挑战，最终网民个体的人性呈现异化和扭曲。

3.3.2　网络人际互动对现实社会的影响

网络人际互动对现实社会中人际互动和人际关系的影响与制约具体表现两个方面，包括现实社会人际互动系统与关系的构建和分解。

1. 现实人际互动及其关系的多维分解

随着生产力的发展，人类社会不断改变着生活生产方式，而随着生活生产方式的改变，人类也会改变与之相关的社会关系。

网络的产生使人类能够更加方便与社会产生连接。然而，现实社会中的人际交往互动因为网络的诞生进入了分解阶段。经过归纳总结，网络人际互动对传统人际互动和人际关系的分解表现在 5 个方面，如图 3-24 所示。

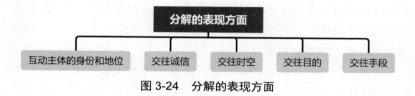

图 3-24　分解的表现方面

为了让大家能够更加清楚明白理解各个分解方面的具体表现，5 个分解方面的具体描述如表 3-9 所示。

表 3-9　5 个分解方面的具体描述

分解方面	具体描述
互动主体的身份和地位	网民个体的身份在网络社会中呈现出匿名、流动与多重、身体缺场、性别置换以及网络变身等，使交往互动具有多变性和不确定性。而传统人际交往活动中，互动主体的身份和地位表现为单一、明确和固定等，因此，在网络人际互动中，对传统交往主体的身份与地位进行了分解，使因为身份和地位发展出的稳定人际互动关系发生巨大改变
交往诚信	交往诚信是人际关系处理的根本原则，其有利于建立和谐的人际关系，并满足个体的安全需求。但是由于网络人际互动中主体的去角色化因素，为网络人际交往的诚信变换提供了条件。网络个体通常以去抑制为理念，采用反叛现实和颠覆传统的方式分解传统人际交往中的诚信原则
交往时空	现实社会的人际交往方式是面对面的互动，保证了互动对象的单一性以及交往的即时性与空间的临近性。但在网络社会中，交往互动表现为同时在线或离线交流。所以，网络人际互动以延时和弥散的跨时空互动方式分解传统人际交往的时空观念
交往目的	现实社会中的人际交往互动其目的是寻求和建立一种亲密关系，即现实社会的人际交往互动是以建立亲密关系为目的的熟人社会。而在网络社会的人际互动中，网络个体以寻求他者认同和自我认同为交往目标
交往手段	在传统人际交往中，语言符号系统和非语言符号系统是人际交往的基本手段。而在网络人际互动中，互动双方通常通过网络语言的交往手段完成互动。因此，网络人际交往以重新定义的符号系统分解传统人际交往的互动手段

综上所述，再结合目前网络社会发展状态，网络人际互动对传统人际互动关系的多维分解已经逐步完成或实现。

2. 现实人际互动及其关系的系统构建

网络人际互动以及在互动过程中形成的关系是一种空间性和技术性存在，也是一种社会性存在。时代的蜕变与更替，使技术对互动主体的制约从显性变为隐性，致使人类想要使用技术力量破除发展中的难题，同时提高了创造新型生活或生存方式的难度。

因此，在人际交往方式的改变过程中，网络人际互动承载着网络社会关系的生成与发展以及对传统人际互动关系系统构建的重任。

1）现实人际互动关系个体主体性的构建

追溯传统社会人际互动关系的历史，发现在现实社会人际交往过程中，个体的主体性缺失表现十分突出。因为在现实社会生活中，个体在人际交往过程和关系的形成中以人伦秩序为根本、以血缘关系为轴心、以恩怨两销为原则、以中庸为价值观念和以群体互动为纽带等，这些状态会让交往个体的主体性隐藏于各种复杂关系中，遏制个体社会生活的自主性和自由性，侵蚀个体应有的言论和行为。

个体主体性缺失后，一定程度上阻碍了社会交往互动关系的发展。而网络社会产生后，依靠强大的技术开辟了新的空间互动，使交往个体获得了自由的言论表达、信息获取和行为表现，通过网络社会中的交往互动，个体在获取知识、转化与展示自身能力以及整合自身知识等方面以自由姿态获得发展。因而，网络人际互动构建着交往个体的主体性。

2）社会公共精神和交往理性的构建

在以人情关系构建的社会中，人己权界和群己权界的边际产生模糊性，在掩盖个体主体性发挥的同时，社会生活中的公共精神与公共意识也将失去生成的必要。基于此，我们必须清醒地认识到，在网络道德群殴事件和网络人际互动无序现象的背后，孕育着社会生活所需要的公共精神。

在网络人际互动中，因为匿名，可以实话实说；因为自由，可以畅所欲言；因为平等，可以各抒己见。这些形成了网络人际互动的无权威和无中心，而无权威和无中心恰恰体现了网络信息技术的社会性和公共性，如图 3-25 所示。

图 3-25　网络人际互动中社会性和公共性的体现

网络人际互动中的社会性和公共性体现，可以引导人们对社会事务给予高度关注、交流、沟通乃至达成共识，最终为现实社会公共精神的培育和引导起到巨大作用。

（1）网络人际互动方式对现实人际方式的构建

因为社会生产力可以决定人类的交往活动方式，所以在人际交往方式的变迁过程中，交往手段或交往工具对交往方式的影响是直接的和决定性的。这也表明交往手段变革着人类的思维方式和价值观念，增强着人类的交往能力，改善着人类的交往条件，并通过渗透到社会生活一切领域和变革社会组织形式而影响社会交往方式。

网络人际互动方式因借助崭新的交往工具和技术支撑呈现出独特的优势。因此，在很大程度上网络人际互动方式改变了现实生活中的人际交往方式，改变主要体现在下述的 4 个方面。

①强化了现实人际交往的互动思维、对话思维和协商思维，使人际交往的个体主体走向交互主体；

②强化了交往个体主体的认同观念和民主参与意识；

③改变了交往个体的价值观念，引导现实人际交往个体树立互利、高效和人格平等的价值取向；

④改变了现实交往个体参与社会组织的途径与方法。

（2）网络人际互动构建着现实人际交往环境

网络信息技术不是用来制造客体化的工具，其服务对象也不是自然客体而是人类。所以基于技术支撑的网络人际互动扩大了现实人际交往的范围，也消减了现实社会对人际交往的很多限制。也就是说，网络人际互动代表了一种交往境界。

我们可以这么理解，网络人际互动可以在快节奏、重压力、多限制和小圈子的现实交往强联系状态下挖掘人际交往的弱相关。而且一旦选择了网络人际交往，也意味着互动主体逐渐放弃纠结的心态，也敞开了包容的胸怀，还升华着人际交往的境界。

课堂讨论： 网络人际互动产生的影响直接作用于网络社会和现实社会，而人类作为网络社会和现实社会的使用者和创作者，这些影响都是从侧面展现出来的，我们可以尝试分析与讨论网络人际互动对于人类的直接影响都有哪些？

3.4 本章小结

本章中主要讲解网络人际互动的结构与作用。具体内容包括网络人际互动的系统结构、网络人际互动的行为模式以及网络人际互动的作用与影响等，同时在大量的知识点中增加案例，帮助大家快速理解和掌握相关知识。

第4章　网络人际互动的中介系统

网络人际互动作为一种交往形态，组成了一个复杂的信息场域。在这个场域中发生的行为的内在逻辑是基于中介系统互动基础的多种吻合行为。中介系统是互动双方之间的连接器，同时中介系统自身的变化又会使网络人际互动的具体形态发生改变。

4.1　网络人际互动中介系统的成因

广义上的中介，是指在不同事物或同一事物内部的对立两极之间起居中联系的环节。对立的两极通过中介联成一体，而中介因对立面的斗争向两极分化，导致整体分裂。因此，中介的存在体现了事物的内部构造与不同事物之间的相互关联。

从网络人际互动的狭义层面分析中介，需要知道在互动主体与互动客体之间，存在着一个把它们连接起来的元素，同时促使主体、客体与中介系统形成一个整体闭环。这个元素包含很多种类与内容，被称为中介系统。网络人际互动作为表征网民与世界关系复杂性的场域，其本身不仅具有中介属性，还可以构成其内部元素的相互关系。

任何系统的生成都有特定的土壤，而网络人际互动中的离散性、不稳定性和碎片化等特点，使交流活动必须借助中介系统才能完成，如图4-1所示。因此，这3种现象成为网络人际互动中介系统的形成原因。

图 4-1　交流活动中的中介系统

4.1.1　网络互动的离散性

离散性通常是指混凝土强度的不均匀分布。在网络互动中，离散性强调的是事物发展序列中的非连续性，同时也指互动主体认知和体验世界的一种方式。由于交往活动的多样化和随意性，网络人际互动中的离散性现象非常普遍。

1. 多样化

在网络社会空间，网民的交往活动类型呈现出多样化的特点，该特点是交往活动离散化的原因之一，具体表现在 3 个方面，如表 4-1 所示。

表 4-1　交往活动离散化的 3 个表现方面

离散表现	具体表现
主体的离散化	网民自身的网络素养、网络意识知网络行为表现与网络社会所要求的高素质、高水平的网络行为两者之间存在的巨大差距使互动主体趋于离散；同时，交往互动中不同网民之间出现的不平衡和不平等情况，使交往主体自身以及互动双方之间的智力与德行关系不对等，在一定程度上增大了主体的离散趋势
交往信息呈现离散化倾向	在交往活动中，出现的下述现象都会使网络互动信息传播的离散化倾向逐渐增大。 ①网民的线下交往内容与线上交往内容存在差异； ②不同网民之间的交往内容存在差异； ③网络社会要求的正向交往内容与网民实际发送的零散或消极信息，两者之间存在差异
交往活动方法呈现离散化	在网络互动中，网民未能正确理解和处理信息表达方式，导致交往互动错误方法与正确方法之间的离散，也加剧了网络社会生活的紧张氛围，还弱化了网络规范的功能。错误方法包括下述 3 项内容。 ①看重显性符号交流，轻视隐性品味渗透； ②重视文本表现形式，忽略文本内容的影响； ③未能处理好网络社会环境建设与氛围营造同正确应用交往互动方法之间的关系

2. 随意性

在网络社会，网民拥有相对自由的交往权限，包括交往对象、交往途径、交往过程以及交流传播的信息内容等。相对的自由使网民的交往活动呈现出典型的随意性。同时，网络自身的诸多特点使网民在完成互动时，主观上将交流活动进行脱序化、去中心化、去崇高化和去权威化的操作，而客观上则以中心化、有序化和崇高化作为互动的品质保障。

网络互动打破了传统交往行为的规则，在新规则尚未构建时，网络交往的多样化使传统交往价值规范呈现缺失状态，与之相反的是网络交往互动的价值规范呈现饱和状态，表现为多数网民的交往活动是相对随性，恣意妄行的。因此，交往活动的随意性决定了网络互动的离散性，具体表现在两个方面。

（1）网络社会中产生的道德相对主义加大了网络活动的随性化，增加了交往活动中的离散性。

网络社会中过于强调道德的多样性、不确定性以及交往环境的差异性，使传统人际互动中的互动中心和价值基础的结构被分解、贯通性的价值原则被排斥，导致网民之间的道德文化存在差异。在这种背景下，网民的网络言行各不相同，道德相对主义逐渐发展壮大。

（2）网络文化的多样化以及各种冲突逐步加深网民交往活动的随性化，随之加剧了交往活动的离散化。

在网络社会空间，文化的产生与发展以多样化和多元化为特点。不同文化之间的冲突反映了网民可以进行多样性和随意性的选择。

案例 **多元文化的冲突加剧网络互动的离散性**

网络中主流文化的引领性与其他文化的脱序性产生冲突，在客观上加大了网民的选择难度。传统文化与现代文化、草根文化与精英文化以及外来文化与本土文化，如图 4-2 所示，这些多元文化之间的冲突，造成网民的选择困惑性加剧。在多种类型和自由环境下，网民的选择行为将呈现更多的率性行为；而且网络语言符号自身携带的离散性，都在加大网络互动活动的离散化趋势。

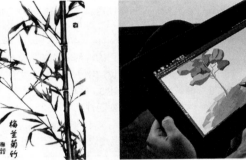

传统文化　　　　　　　　　　　　　　　　　现代文化

草根文化　　　　　精英文化　　　　　外来文化　　　　　本土文化

图 4-2　多元文化

4.1.2　网络互动的不稳定性

在网络人际互动过程中，有两方面的原因造成了网络互动的不稳定性，包括互动主体的身份和大量的内容信息。

1. 互动主体的身份

在网络社会中，诸多网民可以拥有多个 ID，不同的 ID 可以呈现不同的身份，不同的身份让网民可以在不同互动平台来回穿梭。互动主体身份的不确定，会为互动主体之间的关系增加不稳定性，最终导致互动主体的交往关系呈现弱连接性。

2. 大量的内容信息

在网络社会中，以多样化的文本形式进行大量的交流互动，使传播内容自身的确定性受到限制，从而导致客体中介因素与主体之间的关系呈现出复杂性。复杂性具体表现为下述的 3 个方面。

（1）大量信息的自由流动使主体的内部关系变动更加频繁，从而导致主体自身的思维中介、语言中介和能力中介发生变化；

（2）大量冗余信息的加入与呈现，制约有效信息的正常运行，也会影响互动主体之间的关系，使相应的理论中介发生变化；

（3）繁多的信息会影响信息传播形式与介体的变化，使主体互动的技术中介条件发生变化。

4.1.3　网络互动的碎片化

碎片化是指完整的事物或物质变为许许多多的零碎状态。网络信息技术的高度发达，使网络社交平台的数量急剧增多，使网络社交圈变得多样化和复杂化，最终导致网络人际互动呈现为突出的碎片化现象。碎片化具体表现在网民个体的碎片性、交往媒介的碎片性以及交流内容与方式的碎片性 3 个方面。

1. 网民个体的碎片性

时代的发展逐步提高了人类的社会物质生活水平，这种高水平的物质生活也为网民在网络社会生活中扮演更多的角色提供方便，致使网民的网络生活呈现出碎片化状态。网民的 3 个碎片化表现，如表 4-2 所示。

表 4-2　网民的 3 个方面碎片化表现

方　　面	表　　现
网络身份	由于网民自己可以在网络中注册多个身份，身披多种马甲，不停变化 ID，因而网民在网络生活中是以碎片化的多重身份出现的
交往关系	网民以不同身份与互动方缔结交往关系，必然形成相对的多种交往关系，多种交往关系使互动主体具有碎片化属性 例如，在网络生活中，网民因自身的兴趣爱好和不同的价值取向等因素，将自身置于不同网民群体中；而不同的网民群体为了自己所需的利益也会不断分裂与融合，造成交往关系的小众化景象与碎片化样态

续表

方 面	表 现
信息消费	在网络社会中存在海量的信息内容，这些内容在极大程度上满足了网民各方面的信息需求。同时由于网民自身观念和个性的差异，使信息消费诉求呈现垂直化和碎片性，如图4-3所示 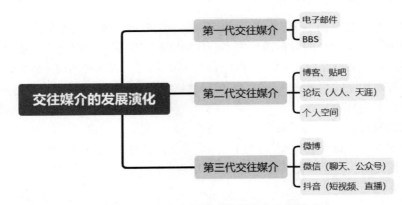 <div align="center">图4-3　垂直化和碎片化的信息消费诉求</div>

2. 交往媒介的碎片性

网络信息技术的发展，不仅促使网络交往媒介形式以多样化态势朝前迈进，也让网民交往媒介的分化现象更加明显。图4-4所示为网络人际互动的交往媒介的发展演化。

交往媒介的发展演化

- 第一代交往媒介
  - 电子邮件
  - BBS
- 第二代交往媒介
  - 博客、贴吧
  - 论坛（人人、天涯）
  - 个人空间
- 第三代交往媒介
  - 微博
  - 微信（聊天、公众号）
  - 抖音（短视频、直播）

图4-4　网络人际互动交往媒介的发展演化

这三代媒介的发展方向日趋向"微媒介"时代演化，而"微媒介"为网络社交和信息载体带来的是分裂破碎，延伸出的多变媒介渠道和功能。这不仅改变了传统交往互动的媒介，也加大了网络互动交往媒介的碎片化走向。

3. 交流内容与方式的碎片性

由于交往媒介的碎片化，促使网络人际互动的内容逐渐呈现短小和零碎等属性。例如，网民使用微博媒介进行交往互动，但是转发微博的字数被限制在140字以内，如图 4-5 所示。如果表达的内容较多，则需要使用两篇甚至更多的博文才能进行完整的表述，表述中断造成理解与解析上的困难，会使信息传接双方的碎片化现象更加突出，也造成了互动过程与信息传递方式的碎片化。

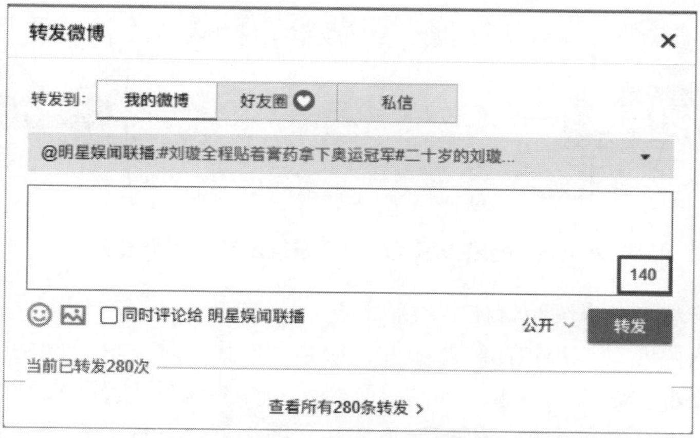

图 4-5 转发微博时的字数限制提示

基于交流内容的碎片化，要求传输者和接收者在客观上最好拥有良好的整体认知能力，用于理性把握信息内容。否则，在实际的交往互动中将影响互动双方的交往深度。

同时，网民在网络人际互动活动过程中会使用多种交往媒介，不同的交往媒介以不同的方式传递信息内容，最终导致交往互动的内容与方式出现碎片化情境。

课堂讨论： 实际上，碎片化迎合了当下新媒体行业的"自给自足"状态，是网民在分权与赋权、竞合与共享、淘汰与认同的辩证运动中完成网络化生存方式。因此，网民的交往互动过程和交往互动环境都呈现碎片化特征，我们可以根据互动对象、交流媒介以及交流内容和方式的碎片化表现，尝试着分析与讨论互动过程和互动环境的碎片化表现。

4.2 认识网络人际互动中介系统

列宁认为，事物对于彼此的相互作用是空洞虚无的，需要依靠中介进行联系，才能向对方发挥相互作用。由此可见，中介在一个事物的发展过程中，有着非同凡响的地位，同时也起着不可或缺的作用。

4.2.1 网络人际互动中介系统

如果将虚拟或数字化用作网络人际互动实践活动的中介系统，都只是把握了网络人际互动中介系统的部分内涵，而没能说出其本质。

从一般意义层面讲解，网络人际互动中介系统是指在互动过程中承载交流信息的两个或多个媒介系统，并以持续不断的交流和互换方式，构成网络人际互动各种要素之间的联系环节。该定义可以从下面的 3 个层面进行理解，如图 4-6 所示。

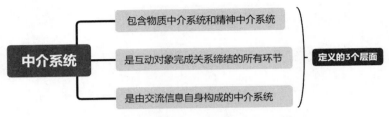

图 4-6　网络人际互动中介系统定义的 3 个层面

1. 包含物质中介系统和精神中介系统

在网络人际互动过程中，物质中介系统强调网民个体之间、网民个体与网络群体之间、网络群体之间的多重互动离不开物质中介系统的支撑。精神中介系统则突出网民个体之间、网民个体与网络群体之间、网络群体之间的多重互动离不开精神中介系统的互联。

2. 是互动对象完成关系缔结的所有环节

在认识的中介系统中，包括工具系统和操作工具的方法系统。在网络人际互动的互动对象之间，存在着物质与精神中介系统的支撑，这些手段或系统是互动完成的桥梁与纽带。同时，必须明确上述系统在网络人际互动中的 3 个作用。

（1）在互动中，物质与精神中介系统是交往双方的"媒介"；

（2）物质与精神中介系统是一个"环节"；

（3）物质与精神中介系统是互动生成与发展的"动力"。

只有将物质中介系统和精神中介系统理解为网络互动的发生过程和关系缔结的所有环节，才能更加深刻地理解中介系统在互动活动中所具有的深层意义。

3. 是由交流信息自身构成的中介系统

在互动过程中，对于互动双方而言，只借助交往互动的物质和精神中介系统，而不添加交流信息，是无法使交往双方真正和有效地完成联结的。因此，"交流信息"是网络人际互动中介系统使用过程中必不可少的因素，甚至是最主要的因素。也就是说，交流信息自身才能将互动双方联结在一起，使其产生角色关系。下面从两个意义层面对交流信息进行描述，如表 4-3 所示。

表 4-3　交流信息的两个意义层面

意 义 层 面	具 体 描 述
结构意义	互动双方在网络交往中所运用的物质中介系统和精神中介系统，只是信息传递中必不可少的前提和基础，而在这些手段基础上的信息传递才是联结互动双方的桥梁或纽带

续表

意义层面	具体描述
始基意义	交往互动的网民个体或者群体的认知结构选择、接收、加工和处理的是交往对象传递的信息，而不是互动对象本身；交往主体取得的认知结果，也是互动对象所传信息的转化形态，而不是经过改造和转化的交往对象本身。也就说是，互动对象不可能直接在认知结构中成为观念，它们只能以信息的形式进入主体的认知结构中

综上所述，交流信息是交往互动主体把握和理解互动对象的中介。因此，网络人际互动中介系统其含义中应该也包含信息这一中介系统，并与其他中介系统共同构成网络人际互动的交往中介系统。

4.2.2　网络人际互动中介系统的类型

网络人际互动中介系统按照不同的划分标准可以分为不同的类型。依据前文的论述，可将网络人际互动中介系统按照不同标准划分为中介思维系统、工具中介系统、符号中介系统和方法中介系统4种类型，如图4-7所示。

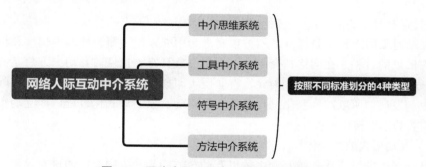

图4-7　网络人际互动中介系统的4种类型

1. 中介思维系统

以网络人际互动的中介思维系统理解和把握事物之间的"中介联系"，是正确认识网络互动的前提。因此，中介思维系统是网络人际互动的前提。

中介思维的实质就是"关系思维"，是从两者的关系或联系出发，对事物本身进行分析与讨论。也可以将中介思维系统理解为网民通过多种中介构建或调整角色关系的思想活动以及持续运行、不断发展的过程。根据目前的信息技术发展趋势，中介思维就是信息技术发展中的数据思维和互联网思想。图4-8所示为数据思维和互联网思想。

在网络人际互动中，离开中介思维和中介观念的指引，并且剥离网民交往活动的关系，便无法深入研究网络人际互动。实际上，网络人际互动中介思维系统在运行过程和发挥作用中，有3个层级结构，如图4-9所示。

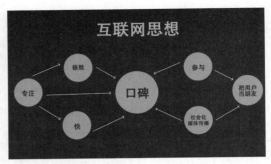

图 4-8　数据思维和互联网思想

图 4-9　中介思维系统的结构

1）互动对象的形式化

互动对象的形式化是指互动双方以对方为中介，通过概念性取舍理解和构建互动双方形象的过程。在网络社会中，身份和形象具有虚拟性，互动一方总是会给另一方一种"非现实"的印象。因此，将非现实印象具象化，可以帮助网络人际互动的发生和发展。所以，具象化过程就是网络互动对象的形式化过程，即互动主体交往所需要的思维转化过程。

2）互动形式的组合化

互动形式的组合化是指互动主体以互动一方的元素为中介，通过对元素的归纳总结，将所得的各种认知进行有效组合，再根据自己的判断、理解和提炼使互动方形成整体形态的过程。

3）互动形式组合的现实化

互动主体在交往过程中，通常都希望互动的另一方以现实化形式完成工作。这是基于两方面的考量，包括构建未来双方互动的现实基础以及辨认互动对象在网络和现实中的差异。这些考量能够让互动的双方在实践活动的过程中及时调整互动方式完成交往目标，最终使网络交往与现实生活相融合。

综上所述，对于网络人际互动来说，正是借助中介思维系统的构建与运行，才使交往活动从想法的虚拟内容变为现实。

2. 工具中介系统

在网络人际互动中，工具中介系统是交往活动的物理支撑平台，一般包括通信设备和用户端设备两类，如图 4-10 所示。

图 4-10 工具中介系统的组成

通信设备是指用于工业自动化控制环境中的有线通信设备和无线通信设备，包括传输设备、交换设备、线路设备和互连设备。

有线通信是指通信设备传输间利用架空线缆、同轴线缆、光纤和音频线缆等传输介质进行信息传输的通信方式。无线通信则是指不需要物理连接线，而利用电磁波信号在网络空间中进行信息交换的一种通信方式。两种通信方式的用途和设备说明如表 4-4 所示。

表 4-4 两种通信方式的用途和设备

通信方式	用　　途	设　　备
有线通信	解决串口通信、专业总线型的通信、以太网的通信以及各种通信协议之间的转换	路由器、交换机和调制解调器等设备
无线通信	无线电台、微波通信、移动通信、卫星通信和无线宽带等	无线网桥、无线网卡、无线避雷器和天线等设备

用户端设备是指用于接收和发送交换信息的设备，一般包括计算机、电视机、手机以及平板电脑等。

网络人际互动工具中介系统主要强调的是互动中介中的硬件工具组合，其为网民的交往活动提供了互动平台和交往工具。

案例 网络人际互动中工具中介系统的变化表现

现阶段网络金融发展迅猛，发展过程中产生了支付清算、超级支付系统以及个体移动支付等功能。这些功能为网民在网络人际互动过程中发生的各项交易活动提供了极大的方便，如图 4-11 所示。同时，这些功能的统一使网民之间的交易互动由原始的信用卡支付方式变为移动支付方式。移动支付方式就是网络人际互动中物理支撑平台的变化表现。

图 4-11 网络交易活动

3. 符号中介系统

我们都知道，动物具有相当复杂的信号系统，但这种信号系统只是受外界刺激而产生的一种生理性被动反应。而人类的符号系统则属于精神层级的内容，如图4-12所示。人类借助有意识的思维活动将客观事物拆解为由符号组成的主体观念内容，用于深入理解和改造客观世界。

图 4-12　信号系统和符号系统

人类生活的世界由语言、历史、艺术和文化等符号组成。这些符号将人类的生活经验组织成一个符号之网。人类特有的符号功能表明人类超越了"眼见"现实，并进入了由关系和观念构建的抽象符号空间。人类的这种抽象符号空间使人类的过去、现在和未来更加紧密连接在一起。

人类利用符号中介掌握了外部世界。凭借符号中介，人类对外部世界的掌握具有了超越个体的社会普遍性和功能普遍性。因此，在网络人际互动过程中，符号中介系统具有诸多符号内容，包括文字、数字、图表、音频和视频等符号。

在网络人际互动中，符号中介系统实现了互动双方之间的关系建立，保障了信息接收并存储到大脑的运作，促进了互动双方的思想表达和情感交流，架构了符号的广泛性并形成网络社会生活，为网民展现更加丰富多彩的现实世界。

4. 方法中介系统

方法中介系统是主体在实际互动过程中，用于客体的手段与方法的总称。该系统的中心要素是工具的使用手段以及工具操作的技术与方法，如图4-13所示。

图 4-13　方法中介系统的中心要素

在网络人际互动中，方法中介系统延伸了互动双方的肢体能力，强化了互动双方的五感能力和脑力功能，使互动双方的交往带有明显的中介性。因此，如果互动对象可以正确操作和应用方法与手段，则能够有效提高网络人际互动的互动能力与水平。

方法中介系统包括操作硬件工具所需的各种程序、规则和方法等内容。因此，方法中介是网民操作硬件工具的工具，也是网民与硬件工具的联系中介，还构建了更加精细层级的互动系统，如图 4-14 所示。

图 4-14　构建的互动系统

由于这种方法中介系统属于观念的内容，具有一定的灵活性和能动性，并且在不同阶段其意义和表现形式也存在较大差异。所以，该系统只能成为网民操作硬件的工具，但工具包含很多内容，具体内容如图 4-15 所示。

图 4-15　工具包含的内容

随着网络信息技术的进一步发展以及构建完成的网络社会，方法中介系统不仅成了网民操作硬件工具的工具，还成了网民制造硬件工具的工具。因此，方法中介系统的发展对整个网络人际互动会产生重大的影响并具有长远意义。

在网络人际互动中，上述 4 个中介系统是以层次递进的方式展开的。同时，由于互动主体的思维活动存在于互动活动的每一个环节，所以中介思维系统始终贯穿于其他 3 个中介系统。

4.2.3　网络人际互动中介系统的特征

在网络人际互动过程中，中介系统的基本特性主要表现在普遍性、独立性、不可替代性、多样性和层次性等方面。

1. 普遍性

网络人际互动的中介系统具有普遍性，该特征是指中介系统存在于一切网络交往互动中。也就是说，无论网民之间、网民与网络群体之间或网络群体之间的交往互动，都必须在中介系统的作用下才能完成。

离开了中介系统的纽带作用，网络人际互动行为将无法开展与进行，而这种情形还会扩展到人机互动和自我互动中，造成这种情形的原因包含下述 3 个。

（1）网民只有借助中介系统才可以接触和使用网络，并依此完成网络中的互动行为；

（2）互动方的思想、观念和目的等内容，必须利用中介系统的连接作用才能传递给互动的另一方；

（3）网民作为生活在现实世界的个体，其网络活动的产物就是中介系统的普遍性特征，并且该特征会被网民所认识、把握和应用。

2. 独立性和不可替代性

网络人际互动中介系统是实现互动双方物质、能量以及信息交换的桥梁与纽带，也是互动双方把握彼此的手段与方法。因此，在"网民→中介→网民"的统一体中，中介系统具有非常重要的地位与价值，而突出的地位与价值证明了中介系统在互动活动中的独立性和不可替代性。

3. 多样性和层次性

网络人际互动中介系统包含逐层递进的4个类型，多种类型一方面体现了多样性，另一方面又体现了层次性，如图4-16所示。

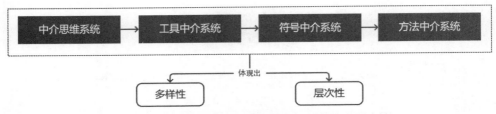

图 4-16　中介系统的多种类型体现了多样性和层次性

在网络人际互动过程中，多样性表示网民中介系统的组成要素非常多样。只要有利于互动的发生和良性运行，任何介体都可以成为生成双方关系的中介，并且在不同技术条件下，中介的表现方式也会所有差异。

在网络人际互动活动中，层次性不仅昭示着整个网络人际互动中介系统本身存在着层次关系，而且每一个不同类型的中介系统其自身也存在着多种层次关系。不同层次的中介系统占据不同的地位，不同的地位导致它们发挥作用的方式不同。

4.3　网络人际互动中介系统的载体

目前，网络生活是最具时代特色和代表性的文化样态。网络社会生活需要人际互动。也就是说，人际互动就是一种生活。网络人际互动需要中介进行连接，中介的载体就是网络文本。

4.3.1　文本的含义

文本最开始是语言学科中的概念，是指书面语言的表现形式。从文学角度进行解释，一般具有完整和系统含义的一个句子或多个句子的组合被称为文本。而在网络信息高度发达的今天，文本已经成为一个多种语境中的普遍性概念。

实际上，在 20 世纪上半叶的语言环境中，文本一词的用途主要在 3 个方面，包括日常用语、古典阐释学的前身及古典文献学与古典阐释学等，3 个方面的释义如表 4-5 所示。

表 4-5　3 个方面的释义

体现方面	释义
日常用语	包括原文、本文、正文和课文中的词句组合
古典阐释学的前身	解释经学中的专业术语，特指《圣经》中的经文和经句
古典文献学与古典阐释学	分别指经典文献中的词句组合与阐述文献内容的词句组合

通常的"文本"作为一个范畴具有多层含义，并且因为信息范围的不可控，会产生多种多样的载体类型。以信息编码技术为标准进行划分，可将文本分为下述 3 种类型。

（1）体语文本，即互动主体使用体态语言完成编码，通过躯体显示文本；

（2）物语文本，即互动主体使用通信工具显示的文本；

（3）口语文本，即互动主体通过特定的语言符号来显示文本。

由于学术界并未给文本的含义划分非常明确的界定，这使文本拥有了丰富的内容。不过从文本发展的历程中可以发现一种状态，无论对于哪一个学科，文本都对信息内容有一个负载作用，此时的文本包含了不同方面的内容，如图 4-17 所示。

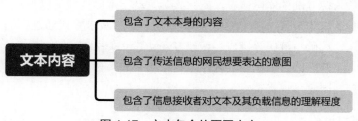

图 4-17　文本包含的不同内容

根据上述内容以及综合众多业内人士的论述与意见，可以从以下 4 个方面对文本进行理解和把握。

（1）文本既是信息的呈现载体，也是信息本身；

（2）文本的种类和表现形式多种多样，在不同的语境下，认知主体会对文本的形成、传播与阐释产生影响；

（3）文本是主体活动性和关系性的特定存在形式，也是信息传播者与接受者双方进行连接的中介；

（4）文本本身具有内在的价值属性。

综上所述，文本在人际互动中担任着不可或缺的作用。因此，互动主体面对文本时，应该对文本持走进和尊重的态度。

4.3.2　网络文本的内涵

存在于网络社会空间语境下的文本被众多业内人士称之为网络文本、超文本或电子超文本。一般情况下，超文本是由多重阅读路径的系列节点链接而成，如图 4-18 所示。因此，超文本的特点体现在交叉性、交互性和动态性 3 方面。

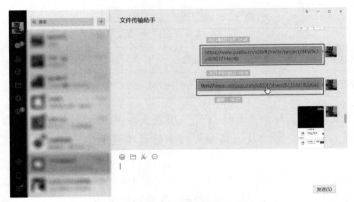

图 4-18　网络人际互动中的超文本

网络文本还包括了下述两种类型：

（1）浏览器中能够下载的电子文章和书籍；

（2）以超文本链接为基础，并融合了文字、视频或音频的"艺术化"超媒体文本。

结合网络人际互动的实际情况，网络人际互动文本需要满足以下两个条件：

（1）网络人际互动文本是数字化叙事方式，这种叙事方式通过在通信设备内完成压缩、解压、编码与解码等操作，使双方互动建立关系；

（2）基于互联网的结构特性，这种人际互动文本具有多路径选择、跨页面辐射、非线性阅读与无限定延伸等特点。

课堂讨论： 网络人际互动是以电子数码语言为基础的数字化叙事方式，这使互动方使用网络文本传播消息内容，就可以通过远程通信的方式同时向世界各地传送消息。我们可以由此讨论与分析网络人际互动与叙事方式的内在联系有哪些。

4.3.3　网络文本的种类

网络社会空间是一个供网络个体生产生活的场域，网络人际互动是网络个体生产生活中不可或缺的一部分。在技术物理平台的支撑下，交往双方之间的互动内容具有网络特色，使该人际互动的文本成为网络个体的一种网络生存样式和信息承载形式。

网络人际互动的文本按照不同的划分标准可以得到不同的类型。接下来采用表达形式和叙事方式的两种标准，对网络文本类型进行划分。

1. 按照表达形式

以网络人际互动文本的不同表达形式作为划分标准，网络文本被划分为文字文本、图像文本、音频文本、视频文本和综合性文本等 5 种文本类型，如图 4-19 所示。

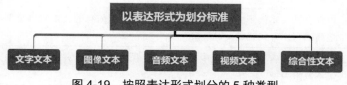

图 4-19　按照表达形式划分的 5 种类型

为了明确 5 种文本类型的区别与联系，我们对 5 种网络文本类型进行解释说明，各个文本类型的具体释义如表 4-6 所示。

表 4-6　5 种网络文本类型的释义

文本类型	释义
文字文本	网络交往活动中最基础的文本类型，以文字表达为主的交流方式
图像文本	网络交往活动中常用的文本类型之一，以图片形式为主的表达方式。与单调枯燥的文字相比，图片的表达形式更加生动形象
音频文本	一般情况下，音频文本以语音条或音频文件的形式存在于互动页面中，互动双方通过播放音频使彼此传递或收获信息内容。音频文本包括语音、语音电话、音乐、录音、广播和电台等，通过声音传递信息，使信息内容更富有感情和更具个性
视频文本	将一系列的静态影像通过电信号方式加以捕捉、记录、处理、储存、传送和重现在网络互动中的一种文本类型。网络社会空间中的个人视频、电影、动画、MV 和短视频等，都是视频文本
综合性文本	在网络人际互动的交往过程中，互动双方可能使用多种文本类型完成互动目标，多种文本类型的混合应用被称为综合性文本。综合性文本具有图文并茂和有声有色等特点，使其与单一的其他文本类型相比，更具吸引力，内容也更加丰富多彩，交流效果也更加显著

2. 叙事方式

按照网络互动叙事方式的标准对网络文本进行划分，可以将网络文本分为短句、互动、戏仿、拼贴、角色扮演、超文本和乱弹的 7 种文本叙事类型，各个网络文本叙事类型的释义如表 4-7 所示。

表 4-7　7 种网络文本叙事类型的释义

叙事类型	释义
短句	网络文学的创作型叙事方式，具有爆发力强和表达直接等特点。使用该种文字文本发布或传递信息，可以迅速得到互动方的回应，使互动双方产生明显的互动交流
互动	以故事接龙、小说接龙和互动小说为形成的大众话语叙事文本类型。这种叙事类型具有实验性，活动进行时会吸引双方多方参与活动，使交流活动充满游戏性与娱乐性

续表

叙事类型	释　义
戏仿	以调侃性的语言和笔触发布或传送信息的文本叙事类型，具有重构、时尚和搞笑的特点
拼贴	以综合性文本的形式拼贴故事并向互动方展示信息的文本叙事类型，通常以扑朔迷离的写作方式完成反讽效果
角色扮演	在规定的语言和社会环境中，事先设定互动方的身份并使多个互动方参与其中的文本叙事类型
超文本	以计算机随机跳转技术为基数形成的一个多向路文本叙事类型，可以创造不同的文本对象，从而产生不同的文本意义
乱弹的	以天马行空的想象以及开放与自由的姿态发布或传送信息的文本叙事类型

按照不同的标准，网络人际互动文本可以有很多划分标准。但是无论采用何种划分标准，都改变不了网络人际互动是以网络文本为核心的互动活动。因此，需要明确无论怎样划分网络文本的种类，离开了网络文本，网络人际互动行为便无法发生。

案例　**伊利果果昔新品上市**

在伊利果果昔新品宣传的网络人际互动实践活动中，通过品牌代言人的影响力，结合新品发布会的大事件，引爆社会关注。同时，借助 KOL 资源为新品果果昔站台，圈层年轻时尚人群；并且围绕"满满水果力"话题与年轻人群沟通，深化"果果昔＝水果力＝满满果粒"的产品概念。

第 1 阶段

首先，段子手、时尚达人和娱乐类微博达人通过预告海报对果果昔发布会进行传播和曝光，让内容输出带动话题上线，如图 4-20 所示。然后，段子手、时尚达人和娱乐类微博达人通过预告视频对果果昔发布会进行传播和曝光，进一步打响发布会的知名度，使用视频深化发布会在接受方心中的印象，如图 4-21 所示。

图 4-20　预告海报

图 4-21　预告视频

第 2 阶段

利用粉丝头条功能持续加大新品发布会的曝光程度，同时利用明星的高流量带动品牌高认知，图 4-22 所示为明星与粉丝的互动内容。除了明星以外，再次利用多位微博红人矩阵联动引爆话题，通过发布新品发布会的相关素材，强力助推新品上市，图 4-23 所示为微博红人发布的信息内容。

图 4-22 明星与粉丝的互动内容

图 4-23 微博红人发布的信息内容

另外，让时尚类、娱乐类的微信公众号为果果昔进行多维度的发声报道，对新品上市进行充分曝光以及宣传，图 4-24 所示为微信公众号发布的信息内容。

第 3 阶段

完整回顾新品发布的整场网络互动实践活动，深度盘点果果昔上市带来的影响力，从行业和营销角度阐述产品力，增强行业深度影响力，引发业内高度关注。图 4-25 所示为微信公众号诠释行业影响力的文本内容。

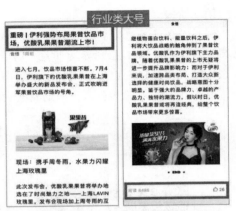

图 4-24　微信公众号发布的信息内容　　图 4-25　微信公众号诠释行业影响力的文本内容

4.3.4　网络文本的特征

　　网络人际互动是一个互动双方共享信息的过程，也是一种主体之间的多元对话模式，还是一种互动双方理解和接受传播内容的活动。这种过程、模式和活动都是通过网络文本完成的。因此，分析和把握网络文本的基本特征，可以帮助互动双方提高网络互动的实践价值。

　　任何事物的特征，都是通过与参照物进行对比后发现的。因此，想要总结和归纳出网络文本的基本特征，需要以文学文本作为参照物。同时，从网络文本的本身层面上分析，其特征是由网络互动自身的性质与活动目标所决定的。因此，只有能够反映网络文本本质以及体现人际互动基本目的的文本，才是符合人际互动要求和规律的网络文本。通过上述两个方面的考量，网络文本具有简洁性特征、混乱性特征和开放性特征，如图 4-26 所示。

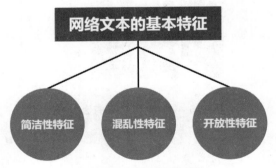

图 4-26　网络文本的基本特征

1. 简洁性

　　网络人际互动的文本结构，实际上就是交往过程中互动双方使用的符号编码方式，即话语结构方式。

根据网络人际互动中介系统的离散性，一般互动双方形成的编码方式都比较简洁，主要体现在使用语言和叙事结构两方面，各个体现方面的具体描述如表4-8所示。

表4-8 简洁性的两个体现方面

体现方面	具体描述
使用语言	在网络互动中，互动主体常常为了方便表达，改变现实用语中某些词语的基本含义，而为这些词语赋予新的含义，例如将英文 thank you 简写为 3Q。同时，互动主体也经常使用数字谐音的方式进行表达，例如使用 5 个数字 5 表达哭声。该种语言文本的使用，一定程度上弥补了网络社会在交流过程中由于离散性造成的一些不足，简洁的文本既节省了阅读时间，也方便了沟通
叙事结构	在网络互动中，多数信息的叙事结构采用与主体心境、时空结构和因果逻辑相一致的方式展开。互动文本与心境表达的同构性，以及互动主体再现信息的合理简化和必要提炼，进一步增强互动文本的连贯性和简洁，有助于互动双方更加快速地接受和理解信息

2. 混合性

一般情况下，语言环境包括社会语言环境和文本语言环境。其中，社会语言环境构成了创造和理解互动文本的媒介语言环境，文本语言环境则构成了交往互动的语境，即由文本叙事方式和信息编码方式营造的一种有助于互动双方彼此理解文本内容的一种氛围。

在网络交往活动发生过程中，互动双方的信息编码方式一般都采用了交互式语境方式，即高低语境相结合的一种方式。

（1）高语境是指信息中的绝大部分内容被放置在模糊的编码中；

（2）低语境是将大量的信息放置在清晰的编码中。

互动一方在信息编码过程中，应该考虑互动另一方的网络表达的真实性程度。而在实际网络互动中，交往文本的意义传递通常依靠互动方对文本的理解程度。由于互动主体面对的是陌生环境，会让交往互动产生了或真或假和或明或暗的信息内容，使互动双方难以理解信息的多义和歧义。因此，网络文本是一种高低语境相结合的混合性文本。

基于此，应该强化网络人际互动的效率和质量，同时互动主体在传输信息时，应该营造有利于真实信息传播的语境，使互动文本成为交往双方缔结友好关系的媒介与桥梁。

3. 开放性

网络人际互动系统是在交互环境中形成的张力场域，导致网络文本在信息负载的意义层面上属于相对封闭的系统。

在网络人际互动的交互环境中，文本交流可以重新构建互动双方在网络社会中的思维内容和彼此之间的关系，使双方既可以建立亲密关系，也可以保持彼此之间的距离用以扩大心理想象空间。据此分析网络文本的意义，可知互动双方将文本置于不同的语境氛围中，文本所代表的意义也会随之变化，突出了网络文本的开放性特征。

由于互动双方在文本交流中缺乏身体接触，大幅度减少的亲密体验使互动方在面对面交往中所受的某些限制被解除，包括焦虑情绪和罪恶感等困扰。被解除的这些限制条件加大了网民在信息表达过程中的开放程度，使网络文本的开放性特征更加突出。

此外，交往双方对网络文本的扩展意义的理解，都基于留存在互动方心灵中的原始文本信息，而技术只不过是这种原始文本的数字化、信息化、网络化与符号化的图解和表达。但是这些表达使网络文本还拥有了超时空性特征、超链接性特征和超复制性特征，如图 4-27 所示。

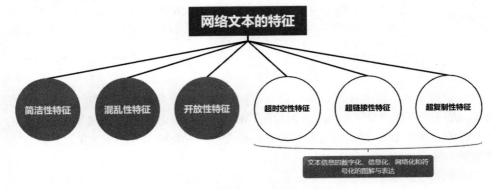

图 4-27　网络文本的其余特征

4.4　本章小结

本章中主要讲解网络人际互动中介系统的相关知识。具体内容包括网络人际互动中介系统的成因、认识网络人际互动的中介系统以及网络人际互动中介系统的载体，同时在大量的知识点中增加相应案例，帮助大家快速理解和掌握相关知识。

第5章　网络人际互动的价值

实际上，网络人际互动作为一种实践活动，是一种关系产生与存在的过程。该关系在创造了网络生活的同时，不仅展示了网民个体的生活方式，也体现了个体网络化的价值存在方式。本章中将根据网络人际互动的价值属性、构成、价值实现和价值异化等方面，全面而详细地介绍网络人际互动的价值。

5.1　网络人际互动价值的属性

价值是人在实践认识活动中建立起来的一种以主体目的和需求为标准的主客体关系，是一种客体内容是否与主体内容相一致、相结合和相接近的动态关系。

客体内容包括自身存在、性质及其运动，而主体内容包括自身本性、目的、需求和能力等。人是一种价值性存在，即主体和客体都由人来扮演，这使价值具有主体性、多维性和动态性的特点，如图 5-1 所示。

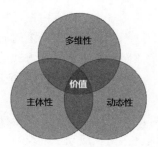

图 5-1　价值的特点

任何事情的发生都伴随着事件本身的意图和目标。在社会领域中进行活动的对象都持有 3 个条件，分别是具有意识的、经过思虑或凭借激情行动以完成某种目标。基于此，网络人际互动的价值就是在互动中网络个体对自身的存在、参与活动、交往对象以及交往结果的认知和评价。也就是说，价值的体现和追求存在于交往双方实际互动与互动预期的一致性中。

5.1.1　网络人际互动价值的形成

在人类社会的发展过程中，人类的生存目标从生存需求到获取享受再到推进发展发生了一系列变化。这些变化就是人的价值追求。这些变化突出了价值追求的需求目的性和发展阶段性等特点，图 5-2 所示为价值追求的改变及特点。

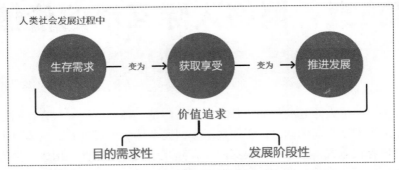

图 5-2　价值追求的改变与特点

在网络社会的演化过程中，形成了一种新型的生存样态，即网络化生存；网民的网络化生存和交往愿景的实现就是体现某种价值的过程。无论个体网民使用何种网络化生存，都必须以交往互动的方式完成。因此，网民的网络化生存是以互动的方式存在的，并且网民之间的互动具有突出的价值属性。

1. 网络化生存

网络化生存构建了互动主体认识世界、把握世界乃至改造世界的新型方式，网络人际互动的价值蕴涵在互动主体的网络化生存方式中。

网络化生存是一种网民的价值存在方式。没有网络人际互动也就没有网民交往目的的实现。网络人际互动的意义与价值具有内在性特征，该特征一般体现在实现网民的交往需求和愿景满足的过程中。无论网民之间的互动结果最终表现为物质内容还是精神内容，其实质都是该网民网络化生存方式的展示、领悟和表达。因而，网络人际互动的价值具有了发生学意义上的内在性特征。

2. 实现交往愿景

人们会根据自己的价值判断和价值选择，决定怎样参与网络生活以及在网络社会中进行怎样的行为活动。网民在交往活动中的交往目的、交往对象、交往方式和交往结果等都与其自身的互动愿景和需求密切相关，如图 5-3 所示。

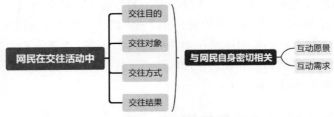

图 5-3　影响网民交往活动的因素

　　由于交往活动满足了网民对信息的主动选择和建构需求，从而使互动本身具有了价值生成的基本条件。

5.1.2　网络人际互动价值的一致性

　　我们必须承认，在网络个体交往活动发生之前，所有的互动需求仅仅停留在主观愿望之中，表现为一种主观意旨或观念形态。而实际的交往互动能否按照网络个体自己的预期进行发展，网络个体自身无法决定。因而，当交往互动的结果能够满足网络个体的愿景后，网络人际互动的价值才能显现。在这种状态下，网络人际互动的价值属性体现在过程性和有限性两个特征上，如图 5-4 所示。

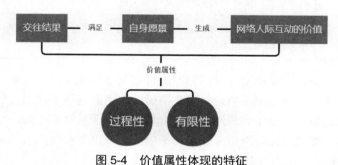

图 5-4　价值属性体现的特征

　　1. 过程性特征

　　网络人际互动对于网民而言具有极大的价值，这是因为网络人际互动价值的实现是以过程的形式存在的，经过分析发现原因有两个。

　　1）网民对于人际互动的需求是一个不断发展的过程

　　从网民需求互动的观念生成开始，到网民之间互动的直接活动发生，再到交往互动结果状态的呈现，网民对人际互动的满足总是一定阶段的暂时性满足。简单来说，就是不断追求新的和更高的互动需求需要有一个过程，在每一个过程中得到满足后才会出现下一阶段的需求，每一个阶段的需求实现就是相对满足。

　　2）网民个体和群体交往能力的提升需要一个过程

　　由于网络信息技术的发展和交往环境的改变，在客观上要求网民需要不断提升自身的认知能力、反思能力和技术使用能力等，以此来获得更高的交往互动能力。这些改变和提高都需要经历一定的时间才可以完成，这就是过程性。

　　对于网民而言，正是这个过程性特点，使网络人际互动产生了强大的吸引力，吸引着网民参与其中。但这种过程性也使网民对于网络人际互动的价值消费呈现曲线变动的轨迹，这也是网民交往需求与交往效果一致性程度的具体表现。

　　2. 有限性特征

　　我们必须明确，网络人际互动的实践活动是发生在具体的、不同类型的网民和网络群体之间的，这是由网络人际互动本身的具体性、有限性决定的。据此，我们可以得出网络人际互动对于网民或网络群体而言，其价值带有满足需求的有限性特征。有限性特征表现在 3 个方面，如表 5-1 所示。

表 5-1 有限性的表现方面

体 现 方 面	具 体 描 述
交往形式	网民在网络社会空间中的交往形式都带有一定的局限性和单一性，例如交往双方在实践活动中要使用单一的工具完成互动，否则会造成双方信息接收不全面而引发的错误互动或发展
实践活动	网民之间的实践活动不能涵盖网络社会实践的所有活动内容，造成个体网民的网络实践活动内容具有一定的缺失性
交往时间	互动主体在任何时期的实践活动，都是整个网络社会实践发展过程中的一个环节或阶段，而不是全部

交往形式、实践活动和交往时间方面的特点突出体现了网络人际互动价值的有限性。同时，网络人际互动价值也体现在网民所采用的网络手段上。这里的手段是广义上的手段，包括有利于实现网络个体交往目标的所有互动工具、交往方式和交往步骤等内容。据此得出，网络人际互动价值的生成也是网民应用各种交往手段实现交往目的的结果，如图 5-5 所示。

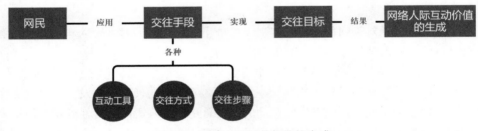

图 5-5 网络人际互动价值的生成

课堂讨论： 在网络社会中，不同的网民以不同的交往手段实现了各自的交往目的，实现交往目的的过程中使网络人际互动产生了价值。据此，我们可以尝试着分析与研究网络人际互动价值的本质是什么？

5.2 网络人际互动价值的本质

网民是网络人际互动价值的创造者、寄托者和评价者。这表明对于网络人际互动价值的把握，不只是贴近网络实践生活的逻辑推演，还应该是在线实践活动的提高和升华。也就是说，想要对网络人际互动价值的本质进行阐释，需要从网络人际互动满足网民需求和网络社会需求两个层面的价值属性进行展开，如图 5-6 所示。

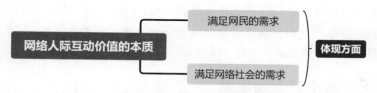

图 5-6 网络人际互动价值的本质的体现方面

5.2.1 满足网民的需求

网络人际互动的价值不仅能够体现互动双方的关系，也能够确切地证明交往互动的存在意义。网络个体所具有的价值属性是网络人际互动能够满足网络个体所需的属性和意义。简单来说，就是网络人际互动与网络个体形成的价值关系不仅能够满足网络个体的需求，还能够提升网络个体的网络信息素质以及促进网络个体的能力发展。价值属性具体体现在 3 个价值特性中，分别是可体验性、效用性和可信性。

1. 可体验性

网络自身的自由性、开放性、跨时空性以及超链接性都是以在线互动体验而获得直接印证。这些印证表明了网络人际互动具有强烈的在线体验性，如此强烈的可体验性直观表现了网络人际互动的基本价值形态。

借助网络人际互动的在线体验性，网民可以在放松的环境中释放压抑情感和获取有效信息，最终达到愉悦自己以及快乐他人的目的。

2. 效用性

如果网民在网络社会中只进行单独活动而不与其他网络个体或网络族群进行互动，无异于信息大海中的一座孤岛。这表明了网络人际互动的可体验性，更加能够衬托网络人际互动的效用性。

任何网络人际互动都具有一定的效用，效用是网络人际互动的价值基础。网民之所以参与网络交往实践活动，正是缘于互动交往活动能够满足其自身的社交欲望和网络生存需求，即通过网络人际互动具有的效用性吸引个体的参与欲望和刺激个体的需求投入。

网络个体交往的稳定性、可印证性以及交往关系的亲密程度可以证明网络人际互动具有可信性。这种可信性是网络个体对交往互动实践活动在心理需求方面的满足。

3. 可信性

虽然网络信息技术对于大众来说具有两面性，但是网络社会中存在的网络言行失范现象与言行良好现象相比，还是具有一定差距。这代表了网络社会是积极正面的。因此，承认网络人际互动是可信赖的，是对网民个体进行交往实践活动所持心理需求的最大满足，也是对网络人际互动可信性价值的认同和接受。

综上所述，网络人际互动可信性价值的生成依赖于网络个体的人际互动，而这种价值属性一旦生成，则又满足了网民对网络生活质量的需求提升，并能够促进网络个体认识、适应和改善网络生存生活能力的发展。

5.2.2 满足网络社会的需求

网络社会中的人际互动表明，良性的交往互动更有利于网络社会生活的整体协调运行。因此，网络人际互动具有满足网络社会需求的价值属性，具体体现在网络社会协调发展和网络社会关系发展这两个价值特性中，如图 5-7 所示。

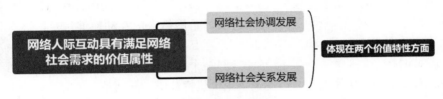

图 5-7　属性体现

1. 网络社会协调发展

网络人际互动的技术性和社会性，对网络社会中的良性人际互动行为起着不可忽视的作用。随着网络人际互动实践活动的不断深入，良性的网络人际互动不仅能够逐渐满足网络社会生活对于秩序的要求，也能够逐渐推进网络社会制度的建立与健全，还能够调动全体网民参与的意识与热情，以及培育、培养网络公共精神。这表明网络人际互动的良性行为具有满足网络社会协调发展的价值。

2. 网络社会关系发展

社会关系是一个非常复杂的系统，它是人与人之间各种不同关系的总称。按照不同的划分标准，得到的社会关系类型也不同，最简单的类型就是物质关系和思想关系。

网络人际关系包括网民个体之间、网民个体与网络族群之间以及网络族群之间的关系，而开展网络人际互动的实践活动还需满足相应的条件或前提。界定网络社会关系必须考虑下述因素。

（1）基于技术平台；

（2）现实人际交往关系的投射和延伸；

（3）遵循网络社会空间的规则；

（4）在线交往互动与离线交往互动；

（5）网络社会互动与现实社会互动之间的互动等。

综上所述，网络社会关系是指基于网络信息技术平台上的人与人之间关系的总称。也可以理解为正是有了网络人际互动的实践活动，网络社会关系拥有了初始的发展机会，而网络社会发展过程中的多种多样的人际关系也丰富着网络社会关系的多样性。

总结一下，没有网络人际互动就没有网络社会关系的形成与发展。网络人际关系体现了网络人际互动的价值，网络人际互动的价值不仅丰富了网络社会中的物质性关系，也丰富了网络社会人与人之间的精神交往，还从整体上满足了网络社会关系发展的需要。图 5-8 所示为网络人际互动具有满足网络社会关系发展的价值属性。

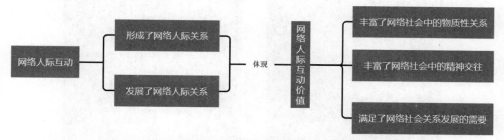

图 5-8　网络人际互动具有满足网络社会关系发展的价值属性

网络人际互动具有的价值属性统一体现在网络互动主体的交往过程和活动中。网民通过互动，不仅实现个体的发展，并且推动个体价值的社会化进程；同时，借助网络人际互动的实践活动，网络社会也取得巨大进步。

案例　美宝莲口红新色上市的营销项目，体现网络人际互动价值的本质

2019 年 2 月美宝莲 superstay 新色上市。三八节之际，天猫旗舰店开启优惠。同时，3 月正值头部 KOL 主播在抖音掀起口红热潮，于是此次投放在抖音平台，从种草和美唇展示等角度，以 superstay "不掉色"主题，为三八活动引流助销。三八节前后两天，投放 5 位头部中部抖音 KOL，集中爆发，在抖音掀起话题热潮。图 5-9 所示为 5 位抖音 KOL 的宣传发布时间。

图 5-9　5 位抖音 KOL 的宣传发布时间

短短几天，抖音掀起相关话题热潮，关于话题的搜索指数达到最高峰，直接实现流量变现。图 5-10 所示为在抖音投放的宣传物料以及收获的效果。

课堂讨论： 网络人际互动价值的本质就是满足网民的需求以及满足网络社会的需求，据此，我们可以尝试着分析与研究网络人际互动在何种条件下、以何种方式可以实现它的价值？以及实现网络人际互动的价值后，可能呈现何种效果？

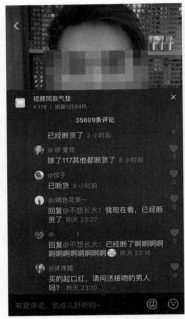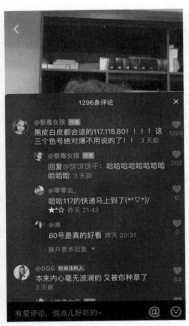

图 5-10　在抖音投放的宣传物料以及收获的效果

5.3　网络人际互动价值的实现

对于实现网络人际互动的价值来说，网络人际互动是否具备价值并不是问题的关键所在，而是在于人们是否对网络人际互动的价值拥有足够的认知和理解以及这种认知和理解是否是正确的。

也就是说，实现网络人际互动价值的重点不是网络人际互动是否具有价值属性，而是人们是否知道网络人际互动对于网络个体和网络社会发展的意义。目前，我们只能通过网络人际互动价值实现的条件、方式和成效来解决这一问题。

5.3.1　实现网络人际互动价值的条件

人制造环境，同样环境也影响人。这表明环境与人存在着不可分割的密切关系，以及环境的改变和人的改变存在着一致性。据此得知，网络人际互动价值的实现离不开网络环境的支持。对此，我们从网络内生环境和网络外生环境两个层面进行分析。

网络内生环境是指在网络人际互动中由网民构成的互动主体的内部环境，网络外生环境则是指网络空间架构的社会环境。两种环境各自运行的状况以及彼此之间交互关系的运行状况直接影响着网络人际互动价值实现的程度，如图 5-11 所示。

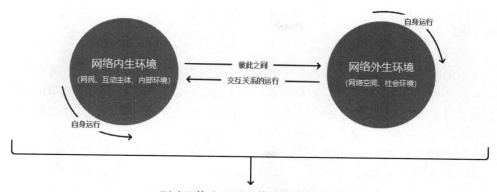

影响网络人际互动价值实现的程度

图 5-11　网络人际互动价值的实现

1. 分析网络内生环境

网络人际互动作为一种实践活动，是具有内部结构的动态系统。在这一结构系统中，随着现实社会的发展而逐步强大的互动主体不仅控制和调节着自身对网络活动的产出与投入，同时也影响和制约着互动主体对实践活动的发展意向以及对网络社会空间改善的广度和深度。图 5-12 所示为互动主体自身对网络活动的产出与投入。

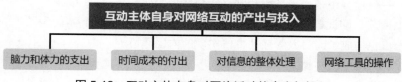

图 5-12　互动主体自身对网络活动的产出与投入

网络内生环境由多个内部小环境构成，其自身相当于一个系统。它的系统属性具体表现在网民的个体能力环境和心理环境两方面，如表 5-2 所示。

表 5-2　网络内生环境的系统属性的表现方面

表现方面	具体描述
个体能力环境	由体力和脑力构成，是网络内生环境发生变化的基本前提
心理环境	由个体的动机、意志、情感、价值观念和信念信仰等要素构成，是改变网络内生环境的根本条件

1）个体能力环境

从网民的能力因素层面讲，网民的个体能力包括体力和脑力。体力是网民参与网络人际互动实践活动的基础。没有体力的支撑，现实个体无法成为真正意义上的网民。网民的脑力是网民内生环境变化的发动机。网民凭借自身的脑力为自己的网络行动规定方向、规划预期、控制过程和规范操作，使个体的全部活动井然有序。

2）心理环境

不同网民的需求存在多样性和差异化，但是他们也会因为共同的价值属性而在网络社会空间中聚合成群体。而网民不同的动机、意志、情感、价值观念和信念信仰等心理要素，将限制其在网络人际互动实践活动的价值实现。限制具体表现在网民的交往活动与意志力量、网民的情感力量以及理性因素的力量。

网民的交往动机与意志的力量。个体的动机是需求的具体表现，制约着个体的活动方式。一旦个体动机与活动需求相契合，将使动机释放巨大能量，从而推动个体发生相应的网络互动行为。在这个过程中，个体意志将发挥强化或削弱动机的力度与强度的作用。

网民的情感力量。在网络社会空间中，网民的情感一般表现为对交往活动和交往对象的一种态度。网民在实践活动中表现出的积极状态或消极状态，影响着交往结果的效果和质量，即互动情感制约和影响着网民的交往行为。

理性因素的力量。与现实社会生活一样，网民不能将全部的网络行为都置于非理性因素的控制与支配下，而会受理性因素的调整与影响。因此，网民的价值理性是其网络交往行为方向的调控者，这就要求网民应该做到下述内容。

（1）培养个体发展与改善网络社会的环境意识；

（2）扮演好推进个体生存与网络社会和谐发展的责任主体角色；

（3）积极投身个体心理环境和网络社会环境的保护与建设中来。

综上所述，网民的心理环境和体格能力环境不仅是网络个体行为发生的内部结构和系统，也构成了网络人际互动价值实现的内生环境。

2. 分析网络外生环境

网络外生环境的实质就是网络人际互动的网络空间环境。该环境是一种基于技术平台的人化环境，也是技术的社会化呈现。技术化的社会是技术空间、界面空间、信息空间、意义空间和精神空间的整合。该整合体现了网络社会空间为网络人际互动的价值实现提供着全方位的支撑，包括技术、界面、意义与价值空间等方面的支撑，如图 5-13 所示。

图 5-13　3 个方面的支撑

1）技术

网络信息技术是网民进行网络化生存的技术基础。离开技术的支撑，网络和网民便不复存在。

2）界面

在网络人际互动中，界面指的是网民之间互通信息的接触面。根据界面的定义必须明确，网络信息技术和虚拟现实技术的发展，将推动网民的实践活动朝着沉浸式交流的方向演化。不断创新的互动界面，将使网络人际互动的价值进一步提升。

3）意义与价值空间

意义世界属于人的一种无形的精神世界。在网络人际互动中，网民之间的交流互动行为是寻找精神文化关怀的活动。网络构建的意义世界，实质上就是网民的精神和心灵家园，在意义和价值空间的支撑下，网络人际互动的价值实现将达到最优的处理效果。

总之，由技术空间、界面空间、意义空间和价值空间架构的网络社会环境对于网络人际互动价值的实现有着极大的影响。

我们经过分析发现，网络的内生环境和外生环境高度适配，共同构建着网络人际互动的宏微观环境。同时，网络个体的成长离不开网络内生环境和网络外生环境的制约，网民活动以及网民之间的交流目的、手段和步骤等都必须接受环境的限定，用以确保网络人际互动按照环境的要求进行良性运行与价值的顺利实现。在一定程度上可以说，网络人际互动价值的实现有利于提升网络内生环境和网络外生环境的质量。

5.3.2　实现网络人际互动价值的方式

网络社会初步开放时，网民带着对世界的好奇与新鲜进入这个崭新的世界。网络的自由性和新鲜感使一些网民出现了否定自我的情况，包括信息迷航与网络沉溺等，会导致网络人际互动的价值被掩盖。

网民面临的人生目标迷失、情感被技术操控以及极度放大的非理性因素，都会使人际互动的价值逐步降低。这些情形看似是网络造成的，然而真正的原因是互动主体自身的薄弱，如图 5-14 所示。

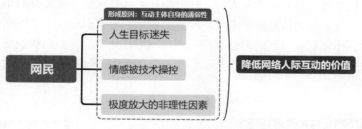

图 5-14　降低网络人际互动价值的原因

综上所述，网络并不需要被限制，真正需要被限制和被规范化的是互动主体自身。同时，提高网民的自我认知以增强主体能力，加速升级技术以完善人际互动界面，使环境建设可以高质量完成，使用这些最根本和最直接的方式可以实现网络人际互动的价值。

1. 提高网民的自我认知能力

认同是指个人与他人、群体或模仿人物在情感上以及心理上趋同的过程。在分析网络自我、自我认同问题的过程中，我们将网络社会中网民的失范性表现定义为自我认同危机。对此必须明确的是，在网络社会中，网民的自我至少涵盖下述的两层含义，如表 5-3 所示。

表 5-3　网民的自我的两层含义

层级含义	具体释义
网民的自我作为意识体存在	一个无意识的个体不可能自主完成网络人际互动的实践活动，这是承认网民是网络社会中的意识体存在的最好证明。该观点使网民具有对自身和对他人的定位、判断、选择与评价等能力，而这些能力是网民产生认同行为的基础
网民的自我作为关系性存在	人对自身关系的认知会通过他人关系达到对象性和现实的理解，这是网民自我的关系性存在的证明。该观点使网民与他人在网络社会中的客观层面上拥有了共同的境况、使命与责任，同时也使网民之间拥有了达成共享、实现全方位协同合作的极大可能性

网民进入网络社会后，由于网络的匿名性、自由性以及网络角色的多样化，使网民的网络自我、现实自我及其社会关系出现分离，包括网络孤独、冷漠、空虚以及成瘾等，从而导致出现自我否定和自我价值迷失等网络自我认同危机现象。这些结论是基于传统的和现实社会的思维逻辑得出的结果，同时也是按照现实社会的尺度对网络社会现象进行裁剪而得出的产物。然而，网络社会的演化有其自己的规律，网民在网络社会中展示自我、交友互动也有自己的发展逻辑，不能一概而论。

网民在知识、阅历、经验、能力、人格以及品德等多方面存在差异性，但不同层次的网民还是会在网络社会中找到与自己相切合的群体或个体，最终完成交友互动。不断发展和进步的技术也会为网民在克服和消除网络不良信息与行为方面提供有效的帮助。

综上所述，网民的各种教育引导不可缺少，建立健全各项规制也非常重要，目的在于提高网民个体的自我认知能力后，使网络社会环境能够有效提升网络人际互动的价值。总之，对于现阶段的网民来说，一方面要加强教育引导；另一方面对发生的网络失范现象应抱以宽容与理解的态度，以符合网络社会实际需要与接受的方式增强网民的网络共生感，无疑是实现网络人际互动价值的有效途径之一，如图 5-15 所示。

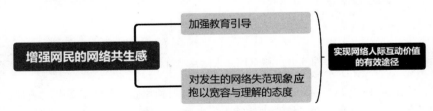

图 5-15　实现网络人际互动价值的有效途径

2. 加快技术升级用以完善人际互动界面

在网络社会中，界面现象与界面行为是较为普遍的存在，它描述了人机系统与物质事件以及精神事件之间的接口关系和交互状态。

网络信息技术与虚拟现实技术的不断升级，使互动主体在人际互动活动中完成着从身体界面到界面身体的转换，同时也构成着社会文化的崭新集成与整合。在社会文化的意义层面上讲，网络人际互动就是网民借助数字、网络和符号等各种文化代码组合而成的文化界面上的实践活动，是网民肉体交往互动的一种特殊表现形式。这表明加快技术的升级可以使网民进一步回归现实生活世界，有利于网络人际互动价值的实现。

课堂讨论： 提倡网络人际互动回归现实生活世界只是想表达一种愿景，即网民之间的交往互动变为个体主体之间的互动，是一种交互主体性的呈现，不是工程物体或技术物体之间的互动。我们可以根据目前的网络信息技术和虚拟现实技术的发展趋势，尝试分析与讨论两种技术让网民回归生活世界的表现有哪些？这些表现是否可以体现网络人际互动的价值？

网络人际互动是网络社会中网民的生存方式和交往方式，而这种网络化的生存方式与交往方式又与网民的现实生活息息相关。因而，网络人际互动的价值诉求与价值满足都带有现实生活的痕迹。这表明只有回归现实生活世界，把握现实生活世界的目的和意图，完成网络生活与现实生活的深度融合，网络才能真正成为互动主体心灵的开放场所，网络人际互动的价值也才能得到充分体现。

案例　**根据"丑娃娃"新媒体传播，分析网络人际互动价值的实现条件和方式**

丑娃娃是由国外一对恋人创造出的全球流行品牌。目前丑娃娃系列已经创造出了 68 个形象各异、性格独特、爱好广泛的小萌物，由于国内受众对丑娃娃 IP 认知度较低，提高丑娃娃 IP 知名度，体现丑娃娃品牌价值，提升丑娃娃业内美誉度是其宣传的主要目的。

具体的宣传互动方式是以"破""守""攻"和"固"等形式进行操作。

【破】潮流时尚背书，强调 IP 的网红光环，丑娃娃现身各大潮流网红店，如图 5-16 所示。

【守】解锁圈粉密码，以公益反哺 IP。联合明星打造"让有趣的心不再流浪"主题公益，如图 5-17 所示。

【攻】社交平台打造争议话题，热度升级。官微以 #好看皮囊 VS 有趣灵魂# 的话题发起讨论，供网民选择，并联合各品牌站队，带动讨论的同时 KOL 集体传播造势，如图 5-18 所示。

图 5-16　丑娃娃现身各大网红店

图 5-17 "让有趣的心不再流浪"主题公益

图 5-18 微博话题讨论

【固】IP 流量闭环,丑娃娃主题线下活动,邀请网红实地打卡。线下活动包括杭州主题地铁站和上海主题拍照园区,如图 5-19 所示。

图 5-19 丑娃娃线下拍照园区

5.3.3　实现网络人际互动价值的效果

网民的良好评价和认同是网络人际互动价值的认可和确证。网络人际互动价值的实现离不开对网民属性的确切把握，离不开对良好网络社会的适应与改善，更离不开网民对网络人际互动状况的评价。网民的自我超越、网民之间的共享机制与合作共生，不仅是网民对网络人际互动价值的认可，也是实现网络人际互动价值的效果呈现，如图 5-20 所示。

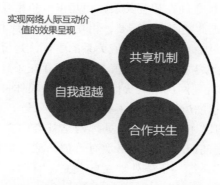

图 5-20　实现网络人际互动价值的效果呈现

1. 自我超越

网民在交往互动中能否意识、发现自我，直接关系网民自身的定位以及与其他网民之间的关系，关系到其是否会迷失在网络社会中。

自我是指个体主我对客我在社会中的存在状态和方式的看法、认识与评价。在网络社会中，网民的个体性使网民的网络言行呈现出多样化。如何确保网民交往互动的质感，取决于网民的自我认知是否正确。我国古代强调的"人贵有自知之明"，论证的就是人的自我认知和践行问题，强调人战胜自我的重要意义。正确地对待自己无疑是网民提升交往互动质量、实现互动价值的根本性因素，这就要求网民在网络人际互动过程中正确处理自身的网络欲望与实际需求的关系以及网民个人价值与网络社会集体价值的关系，如图 5-21 所示。

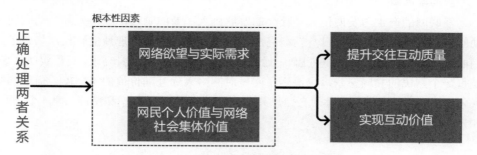

图 5-21　正确处理关系实现互动价值

1）网络欲望与实际需求

网民的网络欲望与实际需求由网络的本我性和本真性决定。基于技术的原因，目前的网络技术无法满足网民的所有网络诉求，同时也不会满足网民的所有网络诉求。因此，网民的网络欲望与实际需求之间必然存在矛盾，且无法避免这种矛盾的发生，所以才需要网民正确处理。解决这种矛盾取决于网民的自我超越程度，也是对网民道德意识与价值观念的考量。

2）网民个人价值与网络社会集体价值

在网络社会中，网民之间在相互关系、相互作用和相互影响中构建着网络社会的关系脉络，并缔结着彼此之间相互需要、相互依赖又彼此利用的价值关系。

在网民的价值关系中，网民既是价值关系的主体又是价值关系的客体。因而，网民自身的个体价值与网络社会集体价值之间必然存在矛盾。这种矛盾同样无法避免，所以，正确认识和处理网民个人价值与网络社会集体价值的实现，同样也是对网民能否超越和战胜自己的道德考量。

除上述关系外，网民还要学会正确处理网络社会中义务与利益之间的关系、物质价值与精神价值之间的关系、网络现有价值与应有价值之间的关系、现实角色与网络身份之间的关系等。正确处理这些关系，有助于提升网民的自我认知，即实现自我超越，如图5-22所示。

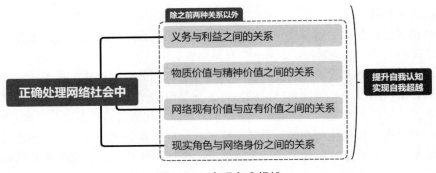

图5-22　实现自我超越

2. 共享机制

互联网的产生与发展使人类社会的发展进入了新的阶段，成为人际互动实践活动的综合性平台，让网络自身功能完成了从工具理性到价值理性的转化，构建了人们的共享机制。而能否在共享机制中通过网络人际互动满足自身需求，真正实现共享，是每一个网民的共同愿景，也决定了网民对网络人际互动价值的认同度。借助网络人际互动实现的共享机制体现在信息共享、知识共享、意义共享和精神共享4个方面，如表5-4所示。

表 5-4　共享机制的 4 个体现方面

实现方面	描　述
信息共享	经过筛选、组织和加工并且可以存取以及能够满足人类需求的各种信息集合，就是信息资源。在网络人际互动的实践活动中，互动双方可以为彼此提供实时的信息资源，并根据自我认知快速反馈意见
知识共享	知识交换的操作对象是知识本身。这是因为知识在传播过程中，凡是接触过该知识的人，都在不断地获取它。而网民之间的互动交流，实际上就是包含着知识共享的实践活动。在网络社会中，知识的价值就在于传播，而不是拥有，更不是存储或者隐藏
意义共享	意义共享就是网民在网络社会中集体文化形成的过程，其价值就是借助网络人际互动，网民之间在分享网络信息资源与知识的基础上理解接受、吸纳他人和重构自我
精神共享	网民借助网络中的各种交流媒介，实现个性与共性的结合，展示自我的同时超越自我，愉悦自我的同时快乐他人，使网民之间形成相互依赖和相互满足的共享精神，在精神层面上体现了网络人际互动的价值

综上所述，共享机制是网民对网络人际互动价值实现的高度认同，也是实现网络人际互动价值效果的具体呈现。

3. 合作共生

合作是人际关系良性发展的重要条件和表现，网络中的合作是网民网络意识、网络价值观念和网络社区精神的检测标准。在网络这个无边界的交往平台中，网民只有强化自身的合作意识和合作行为，才能获得合作共赢的愉悦享受。网民在交往互动的实践活动中寻求合作主要基于 3 方面的原因，分别是想要结交新朋友，想要主动展示自我能力、表达自我和获得认同认可以及想要用付出的内容获得相应回报，如图 5-23 所示。

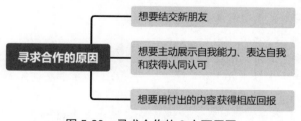

图 5-23　寻求合作的 3 方面原因

在人际互动中，合作不仅可以获得友谊，还能促进发展。只有合作，才能更好地实现网络的共生共存与共在，这是网民对网络人际互动价值实现的高度赞誉。

🖊 **课堂讨论**：互动主体在实现网络人际互动价值的过程中，不可能一帆风顺，其结果也并不都是积极和正面的，我们可以应该根据自身的经验与阅历，尝试着分析与研究自身在进行网络人际互动时，有哪些表现、行为或结果发生了变异？

案例 雪津啤酒美食项目，实现网络人际互动价值的成效

项目延续"雪津，致自己人"品牌理念，更深入建立雪津与福建及福建美食的强关联性，并进一步结合雪津自己人精神，引爆线上社交关注。

项目进行期间，创立#好吃的福建人##福建人吃的是情怀#，通过"KOL+UGC"（互联网术语）内容，微博话题与 KOL 内容词条双向导流。设定"福建人""福建美食""雪津"等关键词良好露出，确保搜索段、话题段、KOL 端互动曝光。将所有"KOL+UGC"内容汇总，进行后续强曝光。图 5-24 所示为雪津啤酒美食项目的宣传海报和视频。

图 5-24　雪津啤酒美食项目的宣传海报和视频

互动传播项目的传播时间在 2018 年 12 月 29 日—31 日，涉及的传播渠道包括微博和微信等社交平台，最终达到了下述的宣传互动效果。

微博话题累计阅读量 2.4 亿，累计讨论量 2.2 万；

#好吃的福建人#话题阅读量 1.4 亿；

霸屏美食榜前三长达 6 小时；

#福建人吃的是情怀#话题阅读量 1 亿；

霸屏美食榜前三长达 6 小时；

20 个微博 KOL，总阅读数达到 662W+；

总互动量达到 1.2W+，17 个微信 KOL，总阅读量达到 21W+。

5.4　网络人际互动价值的异化

任何事物的发展都不会一帆风顺，实现网络人际互动价值的过程同样也不顺利，其结果可能不仅未能达到网民的预期，而且可能会在实践活动中出现异化现象。于是，我们需要对网络人际互动价值的异化问题进行分析与研究。

异化包含脱离、转让、出卖、受异己力量统治和他人支配等。网络人际互动的价值异化就是指网民交往实践活动过程中存在的逐渐偏离人际互动价值目标的趋势或状态。实际上，网络人际互动在提升网民主体性的同时，也会因为交往对象、交往工具以及交往内容的限制而降低自身的主体性。网络人际互动价值的异化主要体现在两个方面，包括交往互动价值主体的异化和交往互动价值客体的异化，如图 5-25 所示。

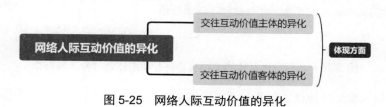

图 5-25　网络人际互动价值的异化

5.4.1　主体的异化

想要分析网络交往价值主体的异化问题，应该在网络社会的大背景下以及从网络人际互动交往价值主体的异化层面展开。支撑该研究标准的是网民在网络社会中树立的网络化生存思维与意识。不同的生存思维与意识，会导致网络人际互动价值主体异化呈现不同状态和不同成因。

1. 网络人际交互价值主体异化的不同状态

网络人际交互价值主体的异化状况呈现出多样性特征。这些交往状态表现为 3 种类型，分别是冷淡型、对峙型和交恶型。

1）冷淡型

网络人际互动其存在本意是使双方在平等、自由、尊重的基础上进行交流互动，以便达到共生共在与共享的目的。但是因为互动双方个体存在的差异，使交往过程出现不温不火的情形，从而对信息、知识或新闻等内容的态度、意见和建议出现偏差，导致双方的交往频率、交往质量以及交往关系的亲密度等下降，但又没有破裂。这种人际互动关系就是冷淡型的交往状态。

2）对峙型

在网络人际互动中，互动双方经过短暂的交流，发现双方意见相左或者对某一问题持有差距较大的不同看法，从而在交往中对互动另一方表现出嫌恶和对峙等情绪。这种人际互动关系就是对峙型的交往状态。

3）交恶型

交恶型的异化状态表明交流互动的双方处于一种网络敌对状态，即在网络社会中，互动双方不仅会发生简单的口头之争，而且会采用攻击、谩骂和诅咒的极端形式来表达自身的情绪和心情。

显而易见，上述的网络人际互动主体异化状态都以不同的方式和表达程度存在于网络社会中。对此，根据主体异化的不同状态将互动主体划分为3种类型，并以此认为他们属于新媒体环境下的异化，3种类型分别是疏离冷淡的孤独者、抗衡敌对的情绪者和憎恶仇视的单面人，如图5-26所示。

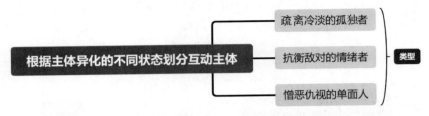

图 5-26　根据主体异化的不同状态将互动主体划分为 3 种类型

2. 网络人际交互价值主体异化的不同因素

经过一系列的分析与研究，我们认为导致网络人际互动双方呈现的异化状态，主要由3个方面的因素造成，包括理解偏差、中介系统和自我内在，各个因素的描述如表5-5所示。

表 5-5　各个因素的描述

因　　素	描　　　述
理解偏差	互动双方完成高质量的沟通并达成共识，离不开双方对交流信息内容和意义的理解与把握。由于网民个体的人生经验、阅历和知识储备存在着差异，导致实践活动出现非良性交往行为，最终形成交往主体出现异化现象
中介系统	在符号组成的网络社会空间中，主体事实价值让位于交往中介系统的逻辑价值，使网民现实自我的本真性遭到削弱。这表明网络符号的中介系统打破了交互主体之间的价值关系，从而导致交往主体价值出现异化
自我内在	自我内在包括网民的原有认知图式、价值取向、日常生活中的惯常思维与观念等因素。在网民个体利益诉求的驱动下，以及猎奇心理、恶俗心理和看客心理的影响下，网民的自我内在出现异化，最终导致交往主体价值也呈现异化

在这些因素的促动下，网络人际互动主体出现异化，导致网络人际互动价值的实现呈下降趋势，甚至严重的异化现象将直接危害全部网民的网络社会生活。因此，加强对网民的教育引导势在必行。

5.4.2　客体的异化

网络人际互动价值的客体异化是指网络人际互动价值的表达方式与表达内容，出现异化现象。

1. 网络人际互动价值客体异化表现

在实际的网络人际互动过程中，网络互动价值表达方式与信息内容在一定的条件下呈现出反制主体需求的情形，这就是互动价值客体异化的表现。客体异化的表现有 3 个，分别是互动信息的碎片化、互动方式的拼盘化以及互动手段的分散化，如图 5-27 所示。

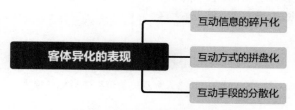

图 5-27　形客体异化的表现

1）互动信息的碎片化

在网络信息技术和移动互联网的快速发展中，各类网站和 App 层出不穷，网络信息激增，从而呈现出信息内容的碎片化。但对于互动主体来说，他们在实践活动中会使用到的信息是非常有限的，使信息的碎片化趋势更为突出。同时，信息编码的碎片化和网民思想的碎片化，更加突出了互动信息的碎片化趋势。

在一定程度上说，碎片化的信息内容决定了交往互动主体的多层次性和分众化，并使互动主体也呈现出鲜明的碎片化特征。

激增的信息数量，在一定程度上限制了互动主体的交流内容。也就是说，网民的实践活动受到信息的限制，使网络人际互动的价值呈现分解和碎片化，最终导致网络人际互动客体的异化倾向。

2）互动方式的拼盘化

在网络人际互动中，互动双方的互动方式呈现为较为典型的拼盘化特征。这种拼盘化的信息叙事方式包括信息拼贴组合式和非情节化拼盘式的两种。碎片化的信息经由这两种表达方式进行展示，交往互动的价值体现方式会在一定程度上消失于无形。因此，拼盘化的互动方式解除并制约了网络人际互动交往价值的实现。

3）互动手段的分散化

互动手段的分散化主要体现在网络人际互动拥有大量的媒介类型，例如网络社会中的任意新媒体形式，都可以成为网民进行交往的工具与手段；同时，网民互动的介质种类也呈现为分散化，包括文字、图像和图形。互动手段和交往介质的分散化，使互动主体的需求被异化。

2. 网络人际互动价值客体异化的原因

网络人际互动价值的客体异化，影响了网络互动主体的共生共享共在情形，使网民的网络化生存遭到了随意性和不确定性等危机。造成网络人际互动价值客体异化的原因主要有 4 个，分别是互动主体所处社会阶层的分众化、制度的非体系化、网络需求的离散化以及网民精神观念的碎片化，如图 5-28 所示。

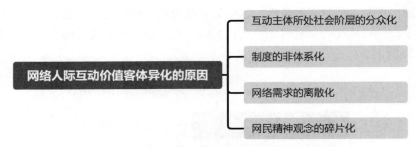

图 5-28　造成网络人际互动价值客体异化的原因

1）互动主体所处社会阶层的分众化

网民在网络社会中的活动与现实社会中的活动存在着不可切割的联系，其中网民的现实社会处境、地位与阶层影响和制约着其网络交往活动。

具体表现就是在现实社会生活中，网民个体所处的不同社会阶层，获得的社会资源的配置和拥有数量不同，导致阶层结构呈现分众化特征。

2）制度的非体系化

网络社会中的各项制度的建设仍在进一步完善中，直接影响着网络人际互动价值的呈现效果。

3）网络需求的离散化

不同层次的网民，在网络需求上存在巨大差异，而巨大的差异必然导致网络人际互动实践活动的多样化和需求满足的离散化。

4）网民精神观念的碎片化

在人际互动由传统交往形态向网络人际互动转变的过程中，现实生活中的个体往往表现出精神观念和信仰的真空化、多元化、迷信化、功利化与核心价值观念淡薄化等特点。这些特点表明了网民精神观念的多元性与碎片化，而多元化和碎片化的精神观念会深层次地制约和影响着网络人际互动实践活动的良性运行与价值实现。

综上所述，克服和消除网络人际互动价值客体的异化现象，应该从强化社会主义核心价值观的引领、提升网民素质、完善体制设计和制度安排、统合多样需求以及改善技术等多层面进行建设。

5.5　本章小结

本章中主要讲解网络人际互动的价值。具体内容包括网络人际互动价值的属性、网络人际互动价值的本质、网络人际互动价值的实现以及网络人际互动价值的异化等，同时在大量的知识点中增加案例，帮助大家快速理解和掌握相关知识。

第6章 网络互动的形式

在网络社会的发展进程中，由于技术的升级换代和互动主体的需求变化，新的网络互动形式也在不断涌现，在发展自身的同时，满足互动主体逐渐多样化和精细化的社交需求。本章将针对网络社会发展至今产生的典型互动形式进行分析，帮助大家进一步掌握网络互动形式的分类、特点和原则等知识。

6.1 网络互动的形式分类

网络互动的基本形态往往是交织在一起的，共同起作用于某些互动形式之中。我们接下来将从网络互动的几种典型形式入手，进一步分析网络社会中的互动现象。典型的网络互动形式包括网络受众调查、网络论坛、博客、即时通信和视频直播等，如图 6-1 所示。

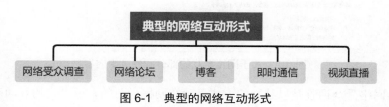

图 6-1 典型的网络互动形式

根据互动对象和互动范围的不同，这 5 种典型的网络互动形式，可以细分为两种类型，分别是点对点的人际互动和点对多的群体互动，每种类型包括的互动形式如图 6-2 所示。

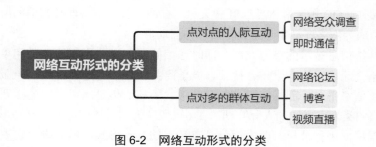

图 6-2 网络互动形式的分类

6.1.1 点对点的人际互动

点对点的人际互动是网络社会中最常见的互动形式之一，并且也在逐步与网络社会中的其他互动形式相互交融和相互作用。在现阶段的网络社会中，点对点的人际互动主要包括网络受众调查和即时通信两种形式。

1. 网络受众调查

网络受众调查就是调查方借助网络社会这个平台，邀请网民参与回答相关内容以获取市场信息的一种活动，属于网络互动形式的一种。图 6-3 所示为关于网络游戏的部分问卷调查内容。

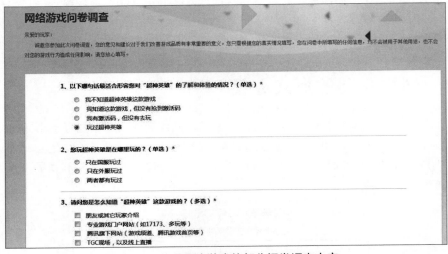

图 6-3　关于网络游戏的部分问卷调查内容

因为网络受众调查是以独立的方式呈现在网民面前的，所以它的互动范围局限于调查信息本身和接受调查的网民之间。于是，我们将网络受众调查的网络互动形式归类为点对点的人际互动。

2. 即时通信

即时通信是指能够随时随地发送和接收互联网消息的互动形式，例如微信聊天、收发电子邮件、QQ 聊天和淘宝旺旺聊天等。在网络社会中，即时通信的应用越来越普及，已经成为网络互动中非常典型的一种互动形式。

随着网络信息技术的迅速发展，即时通信的互动形式不再简单化和单一化，已经发展成集交流、资讯、娱乐、搜索、电子商务、办公协作和企业客户服务等为一体的综合化信息平台。因为即时通信互动形式的核心仍是网民之间的实践活动，所以我们将其归类为点对点的人际互动，图 6-4 所示为即时通信的网络互动形式。

从微观层面进行分析，即时通信是点对点的互动形式；但如果从宏观层面进行分析，每一个参与互动的网民都是某个庞大而复杂的网络交往环节中的一个节点。也就是说，每一个网民都会通过网络与其他网民产生联系。

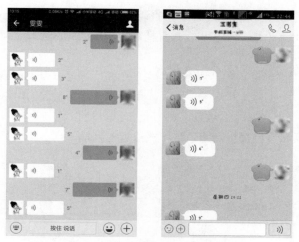

图6-4　即时通信的网络互动形式

与固定的互动对象直接进行交流，称为"强联系"。基于强联系进行的"点对点"互动，可以适当提高网民之间的信任度，并使交流活动的互动效果更加明显和高效。除了"强联系"以外，网民还可以通过即时通信的互动形式经过他人的"中转"与素不相识的人产生联系，这种联系被称为"弱联系"，这种弱联系的互动效果显然比强联系要低很多，如图6-5所示。

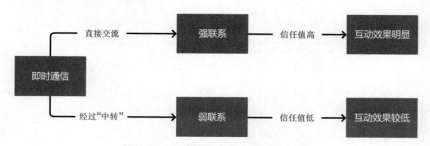

图6-5　即时通信产生的联系和结果

作为一种网络互动形式，即时通信不仅给网民的交往互动提供了方便，也在无形中影响甚至塑造着网民的思维方式、行为方式以及交往范围。在一定意义上可以说，即时通信的广泛应用，促进了网络社会群体的分化。

课堂讨论：即时通信互动形式主要是一对一的互动活动，但也不止一种互动方法，我们可以尝试着分析与研究即时通信互动形式中的哪些表现与点对多的群体互动表现相似？

6.1.2　点对多的群体互动

点对多的群体互动也是网络社会中最常见的互动形式之一，具体是指由特定原因形成的圈层基于网络互动形式而进行的活动。在现阶段的网络社会中，点对多的群体互动主要以网络论坛、博客和视频直播等3种形式完成互动活动。

1．网络论坛

网络论坛通常是指以各种话题讨论为主的BBS（bulletin board system，翻译为电子公告板系统），主要有天涯社区、知乎、豆瓣和虎扑等。因为网络论坛是以网络技术与手段为交流平台且参与人数众多的互动形式，所以我们将其归类为点对多的群体互动。图6-6所示为网民以网络论坛形式进行的互动。

图6-6　网民以网络论坛形式进行的互动

网民进行网络互动的动机可以分为3个层面，分别是自我表现层面、社会互动层面和社会报偿层面，社会报偿层面又包括社会归属与社会资本获取等。根据网络论坛的结构与互动特点，网民在网络论坛中的突出诉求也表现在自我表现与表达、获得社会归属感、获得环境认知和获得社会认同等方面。

网络论坛作为一种网络互动形式，其应用以及结果对公司或组织有着积极作用，同时也对社会发展有着正面的意义。网络论坛的各项作用与意义如表6-1所示。

表6-1　网络论坛的各项作用与意义

作　用　于	作用或意义	详　　情
公司或组织	积极作用	培养用户黏性； 了解与研究用户群体； 构建品牌效应
社会发展	正面意义	公共信息的传播渠道； 民意表达与社会记录的重要渠道； 公共服务平台、群体的培育空间； 网络文化的孕育地

2. 博客

"博客"来源于英文 weblog。weblog 是在网络社会中以流水记录的方法与其他网民展开交流的一种互动形式,因此也被称为"网络日志"。具体操作就是网民使用"傻瓜式"的方法,在一个专属于自己的网络空间内以文字、图片、音频或视频的格式发布文章,其他网民通过阅读、查看、评论或转发其文章与之产生互动并建立联系,常见的有新浪博客、网易博客和腾讯博客等。

博客作为一种网络互动形式,对互动主体具有 3 项作用,同时对社会发展具有 5 项意义,各项作用与意义如表 6-2 所示。

表 6-2 博客的各项作用与意义

作 用 于	作用或意义	详 情
互动主体	作用	信息化生活空间; 在网络社会的新平台中展示自我; 扩大社交范围
社会发展	意义	新闻、个人出版等推动去中心化互动; 博客构建新的知识生产与互动体系; 博客促进个体与社会间的能量交换; 博客民间记录成为官方历史记录的补充; 博客推动多元文化发展; 博客生态系统与社会生态形成交互作用

由于博客是点对多的群体互动,其互动形式表现为如图 6-7 所示的结构。

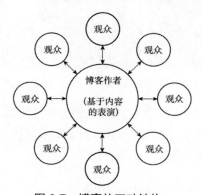

图 6-7 博客的互动结构

网民以博客的形式进行实践活动。尽管各个网民的外在表现有种种不同,但是其内在心理机制是一致的。从总体上看,博客活动表现为 3 个层面的需求,包括对内在的心理需求、博客互动形式的直接使用需求以及社会报偿的需求,这 3 个层面的需求相辅相成。博客互动形式能否正常运转,很大程度上取决于这 3 个层面的需求是否能得到很好地满足,如图 6-8 所示。

图 6-8　运转网络博客需要满足的需求

与此同时，网民也会通过自我调节尽可能使 3 个层面的需求达到一致，从而让博客的互动形式发挥更大的作用。

3. 视频直播

视频直播是指利用互联网和流媒体技术进行直播的一种网络互动形式，因为该形式融合了图像、文字和声音等多种元素，使互动结果呈现出声情并茂和内容丰富的极佳效果。同时，在快餐文化盛行的今天，由于电影和电视等大众媒体制作周期较长的限制，使拥有即时性和实时性的视频直播逐渐成为网络社会的主流表达方式。图 6-9 所示为视频直播画面和主播直播场景。

图 6-9　视频直播画面和主播直播场景

视频直播的互动形式通过真实、生动的内容信息以及众多的参与人数增加互动效果的量级，并为每个参与互动的网民营造出强烈的现场感，以此为吸引点和看点，最终达成印象深刻和记忆持久的互动效果。

课堂讨论： 学习了多种典型的网络互动形式后，我们可以结合自己的经历与阅历以及所学内容，尝试着分析与研究每种网络互动形式的突出特点，以及网络互动形式中的哪些表现可以验证这些特点？

6.2　不同形式的互动特点

多种典型的网络互动形式其范围和对象明显存在交叉。这些交叉体现了网络互动的复杂基础与机制。这些典型的网络互动形式是供网民进行网络社交的主要方式。因此，分析与明确每个典型网络互动形式的特点，不仅具有学理价值，更具实践意义。

6.2.1　网络受众调查的特点

由于网络社会的自由性、公开性和便捷性，使网络受众调查的互动形式拥有了下述 5 项优点。

（1）网络受众调查的互动范围不受空间限制；

（2）网络受众调查的互动成本低廉；

（3）网络受众调查的互动结果具有实时性；

（4）网络受众调查的互动结果具有交互性；

（5）网络受众调查的互动方法具有多样性。

与此同时，也是由于网络社会的开放性和匿名性，导致使用网络受众调查的形式进行网络互动时，很难做到以科学的互动方法呈现准确可靠的互动结果。

目前的网络社会还缺乏与网络受众调查相关的法律法规和管理机制，也在一定程度上会影响互动结果的科学性和可靠性。加之没有严格的监控机制与监管机构，使网络互动结果存在一定的造假内容，在一定程度上影响了互动结果的真实性。图 6-10 所示为网络受众调查的局限性。

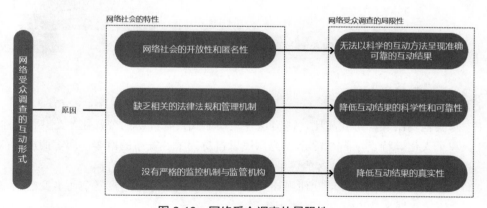

图 6-10　网络受众调查的局限性

6.2.2　即时通信的特点

作为一个规模庞大、节点众多的社会网络，即时通信互动形式不仅是网民公共意见表达的一种手段，也是舆论传播的一个渠道。在使用这种表达手段和互动渠道过程中，即时通信的互动形式呈现出了下述的特点。

（1）点对点的交流结构；

（2）同步交流的时效性；

（3）同步交流的可控性；

（4）丰富和可切换的交流手段。

为了在网络社会中实现既定的社会目标，通常需要通过社会动员，以整合社会资源，调动各方面的力量，吸引最广泛的群众共同参与到相应的社会行动中来。即时通信互动形式维系着一个庞大的社会性网络，也在社会动员方面扮演着越来越重要的角色。

6.2.3　网络论坛的特点

网络论坛的互动形式作为网民表达意见的渠道、提供汇聚网民意见的方式以及网络社会中的重要社交场所，其互动过程可以体现出互动结果的交互性、互动对象的匿名性和平等性以及互动内容的广泛性等特点，如图 6-11 所示。

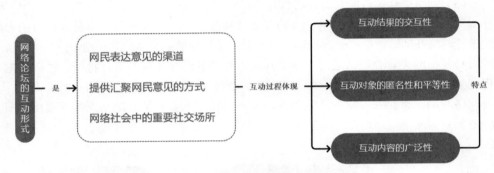

图 6-11　网络论坛互动形式的特点

6.2.4　博客的特点

与其他网络互动形式相比，博客这种互动形式具有鲜明的公开化、公共性、个性化和个人化等特点。图 6-12 所示为网民以自身为中心发布的博客，博客的内容信息和互动方式突出体现了博客的各个特点。

博客的这些特点能够帮助使用该互动形式的网民更好地适应复杂而多变的网络社会，下述为博客各个特点的形成因素。

（1）网民构成互动中心，突出了互动范围的公共性；

（2）交流信息的绝对自由，突出了互动内容的个性化；

（3）互动手段相对单一和自由的互动节奏，突出了互动主体的个人化；

（4）博客的互动形式将私人话语空间与公共话语空间的界限变得模糊，突出了互动内容的公开化。

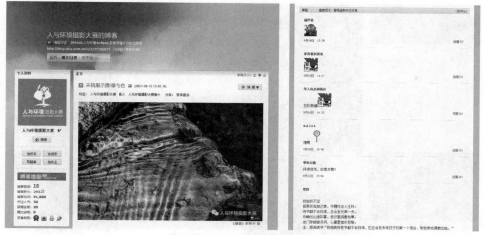

图 6-12　网民发布的博客

6.2.5　视频直播的特点

视频直播互动形式的快速发展与其本身具有的特点密切相关。我们通过观察和分析，归纳总结出视频直播互动形式具有 5 个特点，分别是准入门槛低、直播方式多样性、受众范围广泛、用户互动性强和互动价值显著，如图 6-13 所示。

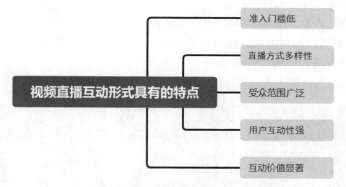

图 6-13　视频直播互动形式的特点

1. 准入门槛低

在网络社会中，视频直播的主播申请程序特别容易且要求非常简单，只需网民在直播平台注册账号并进行实名认证即可拥有自己的房间，从而开启视频直播的网络互动。如此简单易操作的申请程序使任意网民都可以通过视频直播发出自己的声音、表达自己的意见和释放自己的个性。图 6-14 所示为已注册的账号开通直播的过程。

图 6-14　已注册的账号开通直播的过程

2. 直播方式多样性

视频直播互动形式的多样性主要体现在 3 方面，包括获取方式的多样性、信息内容的多样性和时空界限的多样性。

首先，获取方式具有多样性。随着移动通新技术和网络信息技术的进一步发展，只要有网络，互动方可以通过台式电脑、笔记本电脑、手机、平板电脑以及电视等各式各样的设备获取视频直播内容。

其次，信息内容具有多样性。视频直播内容与网民自身的生活、工作和兴趣息息相关，在任意网民都可以成为视频直播内容生产者与传播者的条件下，不同的网民，其产出的视频直播内容肯定也不一样，例如品尝美味、社交聊天、才艺展示或售卖商品等都可以成为直播内容。图 6-15 所示为多样化的直播内容。

图 6-15　多样化的直播内容

最后，时空界限具有多样性。视频直播互动形式以互联网技术和媒介工具为依托，只要网民有网络和媒介工具，就可以根据自身需求随时随地对视频直播的内容信息加以获取，打破了传统的时空限制，同时也顺应了当前时期大众的生活与工作方式。

3. 受众范围广泛

视频直播互动形式与传统的互动形式有很大不同。传统互动形式以"多层级互动"为主，而视频直播互动形式则是一种垂直性互动。因为在互动过程中无须转述，从而大大减少多层级互动造成的信息损耗。

基于传播学视角，无论是文字、图片还是视频，在互动之前都可以进行加工和剪辑，但视频直播构成了参与网民与互动中心现场的实时连接，最大程度地保证了参与网民的真实体验感，也有力地增强了信息的可信度，还极大地满足了参与网民对于"内容真实"的要求与渴望，可以精确捕捉大量的互动受众。

4. 用户互动性强

与其他网络互动形式相比，视频直播互动形式具有突出的互动性。它的互动性不仅表现在网民与主播之间的互动，也表现在主播与主播以及网民与网民之间的互动。例如，主播可以通过直播展示自己，也可以通过分享直播内容获得其他网民关注，而参与直播互动的网民，可以通过弹幕、评论等形式实现与主播或其他网民的交流互动。图 6-16 所示为视频直播的互动性。

主播与主播之间的互动

网民与主播之间的互动

图 6-16　视频直播的互动性

随着多种网络互动形式的出现，使时空界限被打破，从而实现了"一对多"的群体互动。视频直播互动形式的交互性，不仅使互动方式更加个性化和平等化，也大大提升了参与网民的体验感，加速了互动信息的反馈速度，最终使互动效果更具成效。

5. 互动价值显著

在开放的视频直播互动平台中，最重要的资源就是主播背后的粉丝群体所带来的"粉丝经济"，即互动价值。互动价值为互动中心和互动形式提供了赖以生存的基础。同时，随着日益凸显的明星效应，也为视频直播互动形式带来更多的效益与影响力，从而使互动价值越发显著。图 6-17 所示为互动价值显著的视频直播的网络互动形式。

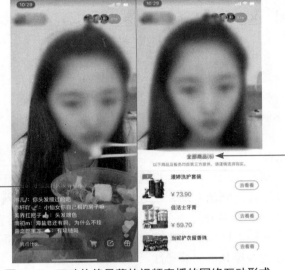

网民观看直播并参与讨论，互动价值满足了网民的娱乐、"种草"和购买等需求

主播和商家售卖商品以获取利润，互动价值满足了网络社会的发展进步和经济效益的需求

图 6-17　互动价值显著的视频直播的网络互动形式

案例　明星效应提升视频直播互动形式的效益

周杰伦担任《英雄联盟》明星召唤师——超越大使，通过为《英雄联盟》玩家谱写主题曲，并且参加四周年庆典的环节，扩大和提升《英雄联盟》的知名度与影响力。同时，周杰伦还以视频直播的互动形式进行《英雄联盟》游戏直播首秀，与广大参与活动的网民进行互动。这一互动活动的成功举办，无论是周杰伦还是游戏本身抑或者网络视频直播平台，都迅速跻身互联网与娱乐领域热门话题，超高的流量与互动数据，给平台带来巨大效益。图 6-18 所示为周杰伦《英雄联盟》直播首秀画面。

图 6-18　周杰伦《英雄联盟》直播首秀画面

6.3　网络互动的原则

在网络社会中以任何形式进行互动，互动双方都应该遵循既定的原则和规律，使互动结果和互动价值得到有效提升。经过前面章节的讲解和归纳，这里总结出 5 个网络互动的原则，分别是触点原则、交互原则、碎片原则、娱乐原则和内容原则，如图 6-19 所示。

图 6-19　网络互动的原则

1. 触点原则

网络互动的触点原则是说在网民媒介接触点上的互动最为有效，其根本思路就是把握网民的媒介接触点，在接触点上进行互动。

在快节奏生活的当下，人们必须清楚知道，如今的信息互动具有多维性，而这种多维性与传统互动形态中以血缘、地缘和业缘等不同标准划分。网络互动的信息多维性更多来自不同的移动互联网信息渠道，简单来说主要是微博系、微信系和头条系 3 个渠道。图 6-20 所示为不同的移动互联网信息渠道。

微博系　　　　　微信系　　　　　头条系

图 6-20　不同的移动互联网信息渠道

例如，在某一时间国家税务总局发布了关于对演艺圈查税的通知。面对这一互动内容，不同信息渠道的内容接收程度和关注点的不同。在微博系渠道中已经开始热度减退的消息，在微信系渠道中很有可能还成为互动的主题内容。因此，在网络互动中一定要明确互动接收方究竟以哪个信息渠道为主，否则任何的互动都不会有良好的结果和效果，如图 6-21 所示。

相对而言，这 3 个信息渠道体系的受众群体略有不同。这是因为目前受众群体的人群划分比较混杂，无法以单纯的人群标准区分各个人群的特征，同时，3 个体系的关系也很微妙。在此种情况下，想要以触点为条件从而获得良好的互动结果，就要将重点从针对互动人群的特征转变为不同体系特征的研究上。

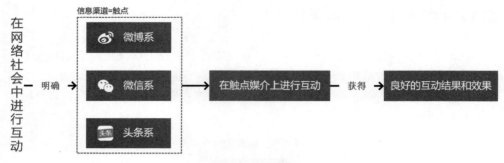

图 6-21 触点原则

2. 交互原则

交互原则是当下网络互动中比较重要的一条原则。它的目标是如何调动受众参与到开展的实践活动中，也就是通过调动互动双方的交互性从而增强互动效果和提高互动质量。

在实际的网络互动中，交互原则的作用比触点原则更加有效且高效。触点原则的核心是明确受众的接触点并在接触点上进行互动，但是受众的接触点究竟是什么，这就需要在开展互动前拥有足够的大数据，通过分析大量数据得到受众的接触点，然后根据受众的接触点使互动双方进行垂直式互动。这是增强互动效果和提高互动质量的根本途径之一。

在这种情况下，交互性成了增强互动结果的重要"敲门砖"。简单来说，就是在互动过程中，有交互和多交互是实践活动的关键，即参与互动的所有网民中，关注、分享、回复和互动的数量，是互动方发送者关心的数据，而这些数据决定了互动方能否以垂直式方式进行互动。图 6-22 所示为网络互动中交互原则的使用方法。

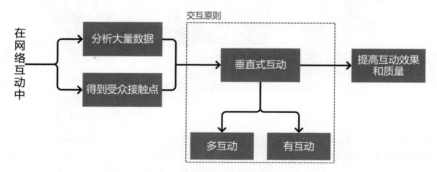

图 6-22 网络互动中交互原则的使用方法

结合上述内容，在互动过程中刻意保留互动的出口和触发点对于互动效果来说变得至关重要。出口和触发点包括内容的话题性设计、开发性讨论话题植入和"槽点"设计等。如果开展的话题与网民想要的内容不符并遭到了谩骂，对于网络社会中的互动主体来说并不重要，而网民谩骂的结果是每一声谩骂的背后都可能会获取一次转发，继而达到了强化互动的目的。但是互动主体也需要注意的是，在设计出口和触发点时，不要伤及互动的主观点，否则会自受其害。

3.碎片原则

碎片化是目前网络互动实践活动过程中不得不面临的一个现实问题。时间碎片化、观点碎片化、媒介碎片化和受众碎片化，无时无刻不充斥在网络互中。

在实际的网络互动中，基于碎片化现实存在和无法回避的状态，我们将其定义为一个基本的互动原则。也就是说，当它确切存在又无法避免时，要学着接受并利用它得到自己想要的结果或目的。

快餐文化盛行的今天，参与互动的网民既没有时间也没有兴趣接受长篇大论式的互动方式。换言之，美轮美奂的产品包装、充满哲理的消费理念和丰富的品牌内涵，对网民个体而言，都是没有价值的，他们已经习惯在碎片化时间里，以碎片化的方式接受碎片化的互动信息，如图 6-23 所示。

图 6-23　信息获取方式

对于已经习惯使用系统化的互动时间，以系统化的互动方式进行互动的双方而言，碎片化无疑是一种挑战。应对这一挑战的根本手段在于努力去将自身的互动内容同样碎片化，即以碎片化方式将互动内容传递给参与互动的网民。例如，抖音、快手和微信录制的短视频，一般都将时长设置得比较短，大概在 10 ～ 15s，图 6-24 所示为不同信息渠道中设置的短视频录制时长。

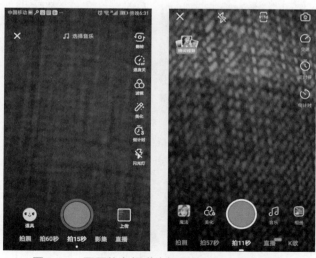

图 6-24　不同信息渠道中设置的短视频录制时长

碎片化程度在网络互动中还有一个重要的影响，便是有利于提高参与互动网民的完播完读率，而这个指标将直接影响互动活动的最终互动效果。

4. 娱乐原则

娱乐性是网络互动的一个重要原则，但是娱乐性并不是单纯指娱乐节目和喜剧等，而是指更加宽泛的娱乐概念。准确来说是指互动内容的知识性和趣味性，如图 6-25 所示。

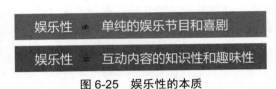

图 6-25 娱乐性的本质

对于网络互动中的实践活动来说，其互动内容多少都具有一些泛娱乐性质，而娱乐性本身就是达成互动效果的关键。也就是说，目前网络社会中的多数互动通过植入娱乐性质内容完成互动目标，因此娱乐原则的效果显而易见。

互动内容只有趣味性会显得比较单薄，无法支撑参与互动的网民观看或阅读全部的互动内容。为互动内容增加一些有用且易懂的知识，使互动内容具有一定的知识性，可以让互动双方在休闲娱乐的同时，能够获取一定的知识充实自身。但是也需要注意的是，对于大部分的读者和观众而言，参与网络互动的核心目的是休息娱乐，而非学习。因此，互动内容的知识性需要把握一个度。图 6-26 所示为发布包含知识性和趣味性互动内容的博主。

图 6-26 发布包含知识性和趣味性互动内容的博主

显而易见，在这样的背景下，如果在互动过程中互动内容没有很好的趣味性则很难被参与互动的网民所接受，也就很难达到预期的互动目的和互动效果。

5. 内容原则

无论是通过微博系、微信系还是头条系信息渠道进行互动，互动的核心都是内容。内容原则是开展网络互动的核心。

互动的目的是让互动双方传递、接受和分享信息。在这个过程中，内容既是互动的手段，也是实现互动价值的手段。一方面，通过输出有价值的内容并且持续性的输出内容，从而达到影响参与互动网民的目的；另一方面，有价值的内容输出，可以吸引更多的网民，继而将部分新的网民转化为粉丝，达到粉丝增长的目的，而在粉丝持续的关注时间内不断进行内容输出，也可以达到固粉的目的，最终实现提升互动价值的目标。图 6-27 所示包含不同内容的网络互动。

图 6-27　包含不同内容的网络互动

综上所述，明确网络互动的核心原则是内容原则。一方面，内容能够达成互动结果，另一方面内容也可能会带来负面结果。所以，互动的内容质量是互动成败的关键。互动主体在创作内容的过程中，要充分考虑互动的目的，按照参与网民的需求进行内容创作，而不是简单按照自身的互动需求进行创作，否则内容的价值将会大打折扣。

案例　**遵循互动原则，头条系获取高效的互动结果和效果**

1. 触点原则

使用头条系信息渠道进行互动时，可以发现其最重要的特征就是推荐机制。无论是今日头条 App 还是抖音 App 都是基于推荐机制的模式进行内容筛选的。换句话说，实际上这个体系的网络互动基础就是建立在大数据分析上的触点互动。这样一来，对于互动发起者而言，选择什么样的垂直定位，决定了最终的触点互动效果。

2. 交互原则

想要提高互动的效果，首先必须分析并挖掘互动网民群体的接触点，而头条的推荐机制则很好地解决这个问题。因此对于互动者而言，研究头条的推荐机制，可以更好地获取推荐机会。在互动过程中，有交互和多交互是触发头条系推荐的关键，参与互动的网民中关注、分享、回复和互动的数量，是头条推荐机制关心的数据，而数据决定了是否能够进入垂直频道。因此，在互动过程中刻意保留互动的出口和触发点对于互动效果就变得至关重要。好的互动出口和触发点可以增加互动双方的交互次数，让交互次数带动互动数据，从而完成互动目标和结果。

3. 碎片原则

抖音App中通过将众多的互动内容打碎，每次都集中力量将一个诉求传递到位，尽可能以15秒以内的视频说明问题，这些都是遵循碎片原则的操作；而今日头条App中的文章则以"千字文"为主，想要以"千字文"的形式努力提升微头条的价值，这也是遵循碎片原则的操作。

4. 娱乐原则

头条和抖音是通过知识性和趣味性两大法宝进行互动的，即互动内容更加注重娱乐原则。对于互动内容的质量和偏向，头条系和微信系有着根本区别。

由于微信系中的公众号和视频号采用的是主动订阅模式，在这种情况下，参与互动的网民对于内容是有清晰定位和目标认同的，如图6-28所示。而头条系中的抖音和头条则采用的是推荐模式，也就是平台会根据网民日常的查阅喜好决定为其推荐相似的互动内容，如图6-29所示。该状况下，当网民累积了一定的阅读和观看时长之后，便会形成清晰的喜好。很多网民不明白为什么观看抖音会上瘾，根本原因在于抖音会无限满足网民的愉悦感。

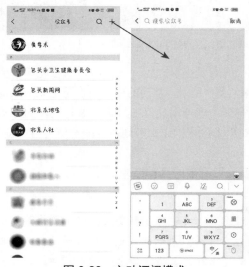

图6-28　主动订阅模式

图6-29　推荐模式

5. 内容原则

网民经常会看到许多的企业把自身企业介绍以抖音作品的形式进行拍摄，或者以产品广告的形式进行拍摄，又或者把头条文章以产品软文的形式进行编辑，但其实这些做法都是错误的。只有遵守头条和抖音的规则，以参与互动的网民的喜好为出发点，创作的互动内容才能够真正达到互动目的。

　　🔍 **课堂讨论：** 经过对网络互动 5 大原则和相关案例的学习，我们可以尝试着分析与他讨论头条系和微信系在互动内容和互动形式上，有哪些本质区别？

6.4　网络互动的评估

　　了解衡量网络互动形式产生价值的重要参数及其相互关系，可以帮助互动双方在进行相关互动前充分考虑根据网络互动的价值评估和不同互动形式的特点，选择适合网络互动实践活动的互动形式，以明确互动目标和互动效果。

　　一般情况下，互动双方采用点对点的人际互动中的互动形式，其互动目的较为简单，一般包括工作需求、情感维系或日常沟通等。而互动双方采用点对多的群体互动中的互动形式，其互动目的就比较复杂，对于互动效果的要求也较高。

　　群体互动形式的互动目的一般包括增强品牌曝光率、提升活动参与度、巩固行业影响力、吸引更多的消费者或潜在消费者参与互动活动、提升用户忠诚度以及增加产品试用率等。这些互动目的都是为了达到促进网络销售的互动效果。

　　在网络互动成为大势所趋后，人们更倾向于相信那些与自己建立起个人关系的网民、群体或品牌。所以不同的网络互动形式，在不同阶段所起到的作用也不同。例如，高度个性化的互动形式能够有效增强网民对品牌的拥护度及忠诚度，使网络互动形式的实践活动更具影响力。

　　基于此种情况，在网络互动时代，为网络群体互动形式建立简单、科学和系统化的效果评估模型，是将网络互动实践活动价值最大化和长期化的必要前提。当前比较通用的网络互动效果评估的测量模型主要包括 4 个方面的考量，分别是曝光量、参与度、影响力和行动力，各个方面的具体测量内容如图 6-30 所示。

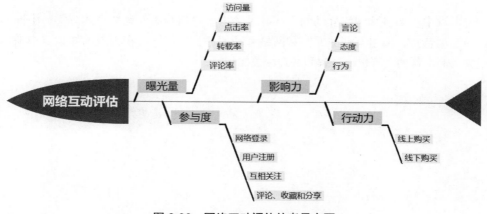

图 6-30　网络互动评估的考量方面

1. 曝光量

曝光量是指网络互动实践活动的内容信息产生了多大的覆盖率，有多少目标网民看到并关注该互动活动。基于互联网进行扩散的曝光率可以轻而易举地通过互动形式的访问量、点击率、转载率和评论率等参数进行实时监测及定量评估。

2. 参与度

参与度是指谁、在何地、以何种互动形式与互动主体进行对话并参与了互动交流。网络互动的互动形式的最大特点就是它的互动性以及个性化，使得每一个参与互动的网民都变成了"意见领袖"，可以随时影响其他参与互动的网民并与互动主体进行平等对话。网络互动中参与度的衡量可以通过网络登录、用户注册、互相关注、评论、收藏和分享等具体参数进行定量评估。

3. 影响力

影响力是指衡量网络互动的实践活动的结果并且将目标受众与参与互动的网民的态度、认知乃至消费行为影响到了何种程度。对网络互动影响力的评估需要在长期化和系统化的范畴中持续进行，以对目标受众与参与互动的网民的言论、态度以及行为等方面进行长期、持续的监测和定性分析。

4. 行动力

行动力是指衡量网络互动实践活动如何激发目标受众并将其关注度和影响力转化为最终的购买行为，是评估网络互动价值及其投入产出比的终极体现。行动力的计量可以通过电子商务产生的线上购买或与线上联动的线下购买行为的统计等方式进行定量评估。

随着网络互动形式的不断发展与演变，网络互动形式效果评估的方法或模型也会发生相应的调整和改变，但万变不离其宗，建立科学化和系统化的网络互动形式效果评估模型始终是重中之重。

6.5 本章小结

本章中主要讲解网络互动的形式。具体内容包括网络互动的形式分类、不同形式的互动特点、网络互动的原则和网络互动的评估等，同时在大量的知识点中增加相关案例，帮助大家快速理解和掌握相关知识。

第7章 网络沟通

网络沟通就是网民之间通过互联网技术并以计算机为媒介在虚拟的网络世界中进行的文字、图片、声音及视频的交流和表达活动。本章将对网络沟通的基础知识进行分析，帮助大家进一步掌握网络沟通的含义、特点、原则、过程和障碍以及消除障碍等知识。

7.1 网络沟通的含义

网络社会中的沟通活动一般由信息发送人和信息接收人两部分构成活动场景，并且是以虚拟方式（沟通双方位于不同地点）与单人或多人产生对话交流的沟通方式。图 7-1 所示为工作场景中的网络沟通画面。

图 7-1　工作场景中的网络沟通画面

在网络社会中，网络沟通不仅是网民之间思想、感情、观念和态度的交流过程，也是与沟通对象共享己方信息的过程。下述关于网络沟通的说明与解释，可以帮助大家更好地理解网络沟通的含义。

（1）众多的网民形成了庞大的网络交际圈；

（2）网络聊天具有一定的心理疏导功能；

（3）网络沟通的成本更低；

（4）随着网络功能进一步发展，可以满足网民多样化的沟通需求；

（5）更为便捷和灵活。

🔨 **课堂讨论：** 了解了网络沟通的含义和概念后，我们尝试着回忆网络人际互动的含义与概念是什么？回忆完成后，我们可以对网络沟通和网络人际互动的含义进行分析与研究，对比两个概念的相同点和不同点。

7.2 网络沟通的特点及作用

在网络中进行视频观看、文字阅读以及浏览热点时事等活动，突出了互联网可以传递信息的功能，说明互联网有传递性的特点；互联网的自由性较强，利用互联网进行通讯，可以与网民时刻保持沟通，说明互联网有实时性的特点；利用互联网进行售卖和购买行为，说明了互联网具有交互性。

综上所述，互联网具有传递性、自由性、实时性、交互性、共享性和开放性等特点。随着互联网的全面普及，不仅改变了人们的生活习惯，还改变了传统的办公方式。根据互联网具有的特点，我们归纳总结出网络沟通的基本特点有 3 个，包括网络化、智能化和多样化，如图 7-2 所示。

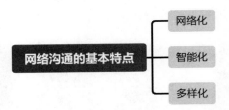

图 7-2 网络沟通的基本特点

1. 网络化

网络化是网络沟通的显著特点，利用互联网可以提高办公效率、改善生活方式和丰富人们的业余生活。同时，互联网的共享性特点也为网民的日常生活和工作学习提供了更为丰富的资源。网络化特点的突出表现就是局域网的建立更加有助于工作的沟通和协调。例如，新冠疫情防控期间发展迅速的视频会议就大大提高了人们在家办公的工作效率，如图 7-3 所示。

2. 智能化

网络沟通智能化是区别于工作中的传统信息沟通，即互联网可以更高效、更便捷和更快速地完成现实世界中的沟通任务，同时也离不开现实世界的支撑。

网络沟通智能化的重要表现就是人们熟悉和掌握了各种办公软件，在处理事务时做到应变自如。工作中比较常用的网络沟通工具包括电子邮件、微信和钉钉等。图 7-4 所示为常用于网络沟通的 App 图标。

图 7-3　视频会议画面

图 7-4　常用于网络沟通的 App 图标

3. 多样化

网络沟通中的多样化是指沟通过程中信息内容的呈现形式丰富多样，包括文本、视频、音频、动画、图片等。网络沟通多样化是所有人的共同感受。网络时代让沟通更加快捷，随时随地都可以获取信息。图 7-5 所示为在社交软件中使用不同形式呈现的信息。

网络沟通除了上述 3 个基本特点以外，还具有扁平化的沟通流程、透明化的沟通模式、互动化的沟通活动、沟通对象个性化以及沟通趋于电子化等特点。这些特点映射在网民的日常生活和学习工作中，可以起到下述 4 个作用。

（1）网络沟通起到提升工作效率的作用；

（2）网络沟通起到简化办公流程的作用；

（3）网络沟通起到节省办公设施的作用；

（4）网络沟通起到节约成本的作用。

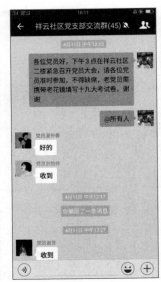  

图 7-5　在社交软件中使用不同形式呈现的信息

7.3　网络沟通的模式

有心理学家将人格分为 5 种类型，不同人格类型的人在解决问题的沟通过程中，会利用不同的沟通手段，由此引申出来 5 种沟通模式，分别是讨好型模式、指责型模式、超理智型模式、打岔型模式以及一致型模式，如图 7-6 所示。这 5 种沟通模式适用于现实社会中的沟通场景，也适用于网络社会中的沟通场景。

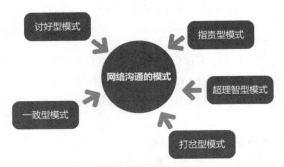

图 7-6　网络沟通的模式

1. 5 种网络沟通模式

在沟通过程中，无论沟通双方具有怎样的真实感受和想法，总有 50% 的人回答"是"，这是讨好型模式的回答；30% 的人回答"不是"，这是指责型模式的回答；15% 的人既不回答"是"，也不回答"不是"，也不会给出他们真实感受的任何线索，这是超理智型模式的回答；还有 0.5% 的人会表现得若无其事或毫无知觉，这是打岔型模式的回答；最后只有 4.5% 的人会给予真实的答案，这是一致型模式的回答。各个网络沟通模式的代表性答案和占比，如表 7-1 所示。

表 7-1　5 种网络沟通模式的代表性答案和占比

网络沟通模式	代表性答案或表现	占　　比
讨好型模式	是	50%
指责型模式	不是	30%
超理智型模式	不给出任何真实感受的相关线索	15%
打岔型模式	若无其事、毫无知觉	0.5%
一致型模式	给予真实答案	4.5%

在 5 种网络沟通模式中，沟通由情境、自己和他人 3 个元素组成。根据这 3 个元素对沟通模式进行判断，有下述判断方式，如表 7-2 所示。

表 7-2　5 种网络沟通模式的忽视元素

沟通模式的行为表现	图　　示
当忽视了自己，任何时候都害怕发生冲突，过于在意他人的感受，那么呈现出的沟通方式就是讨好型	
当忽视他人，任何时候都只想保护自我，那么呈现出的沟通方式就是指责型	
当忽视自己和他人作为主体的感受，仅仅从事情本身出发，那么呈现出的沟通方式就是超理智型	
当完全不想面对人，也不想面对当前事务的时候，下意识逃避回答，那么呈现的沟通方式就是打岔型	
充分考虑情境，也在乎自己和他人的感受，从大局观出发，力求取得三者之间的和谐，那么呈现的沟通方式就是一致型	

2. 不一致性沟通

从人们的习惯性行为表现很容易识别不同的网络沟通模式，除了一致型模式以外的其余 4 种网络沟通模式，表现出的行为习惯都可以归结为与自我的不一致。因此，我们将这 4 种网络沟通模式定义为不一致的沟通。不一致的 4 种网络沟通模式其具体的行为习惯表现为下述行为。

（1）讨好型模式。在网络沟通过程中倾向于让步、取悦对方、依赖和道歉等行为表现；

（2）指责型模式：在网络沟通过程中惯于攻击对方、批判对方和表达愤怒情绪；

（3）超理智型模式：在网络沟通过程中倾向于顽固和刻板以及一丝不苟等行为表现；

（4）打岔型模式：在网络沟通过程中常常具有不安定的情绪，其行为表现为插嘴、打岔以及活力过多或不足等。

4种"不一致"的网络沟通模式不一致的原因在于进行沟通的网民都在掩饰、压抑或扭曲自己的情感，即不愿袒露自己的真实感受，并且使用自以为是的方式方法掩饰真实感受。

这种不一致的沟通会让沟通方感到压抑。如果长期应用不一致的网络沟通模式，可能使自身造成严重的疾病，包括头痛和胃溃疡等。同时，许多人由于长期应用不一致的网络沟通模式，这会给他们造成一种错觉，认为自身是对的甚至察觉不到有任何问题。例如，处于恋爱中的人可能大都存在"爱屋及乌"的做法，表现为伪装喜欢实际上不喜欢的歌手、食物、书籍以及游戏等，只为了博取对方的欢心。然而这只是一时和表层的行为和感受，当热恋期和新鲜感过后，就会显露出自身的本来喜好和行为习惯，此时对方的感受会是"你变了"或者"原来你还在那里"等情绪。因此在实际的网络沟通过程中，不一致的行为模式会损害自身与他人建立情感链接的能力。

3. 一致性沟通

在网络沟通过程中，一致型模式体现为重视自我、他人和情境等因素，具有高自尊和内在和谐的行为表现。

一致型的网络沟通模式意味着在沟通的过程中，承认自己所有的情感，也能很好地表达自己的想法，同时顾及对方或他人的感受，且考虑到沟通的情境，并结合情境完成沟通任务。如果对话双方均是一致型网络沟通模式，则会产生表里一致的行为和关系，在这种关系中沟通双方可以不带任何评判地接纳并拥有自己的感受，并以一种积极、开放和合乎情理的态度与对方进行对话，最终完成需要处理的任务。

案例　自己的手臂不小心被别人撞伤时，5种网络沟通模式的代表性反映

讨好型模式：请原谅我吧，我真的很笨。

指责型模式：天哪，我怎么会碰到你的胳膊。下次请你把胳膊收好，这样我就不会碰到了。

超理智型模式：我希望能向你道歉。我经过的时候无意中碰了你的胳膊，如果你的手臂受伤了，你可以去医院检查后找我索赔所有医药费。

打岔型模式：这个人的手臂怎么好端端往这边伸来，这样肯定会撞上，但又不是我的责任，跟我没什么关系。

一致型模式：我不小心撞伤了你，非常抱歉，你这里很痛吧，需不需要我带你去附近的诊所或药店处理一下。

一致型网络沟通模式并不意味着在沟通中不可以有隐私，而是在涉及隐私话题时，使用明确的言语告知对方，这话题不想谈或还没准备好谈论此话题。用真诚的言语和态度让对方感受到自身的行为和内心想法是一致的，这样的沟通会让对方感觉到自身是可以信任的，从而建立起良好的关系与合作，如图 7-7 所示。

图 7-7　一致型网络沟通模式

4. 一致型沟通模式的层次

如果邀请网民使用一致型沟通模式与人产生交流，在沟通过程中说出心里的想法和感受，可以发现许多之前的不安情绪是完全没必要的。当网民愿意将心理活动与外在行为表现得一致的时候，别人也会感到安全和放松。而网民如果想要从不一致的沟通模式变为一致型沟通模式，需要经历 3 个阶段，分别是接纳感受、深入觉察和身心合一，每一阶段都是网民逐渐向一致型沟通模式递进的步伐，如图 7-8 所示。

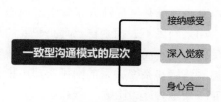

图 7-8　一致型沟通模式的层次

1）接纳感受

在一致型沟通模式的第一阶段，沟通行为表现为接纳感受。也就是在沟通过程中可以意识到自己的感受，也能够理解和接纳这些感受，还愿意在不带任何否定或是其他情绪的基础上加工和处理它们，如图 7-9 所示。

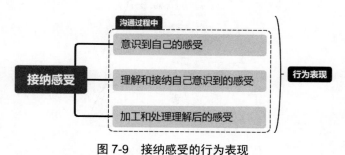

图 7-9　接纳感受的行为表现

接纳感受的具体操作就是利用一致型模式进行沟通时，网民呈现在媒介上的内容与情绪传递了相同的信息。例如，沟通一方认为自己不紧张，但是情绪却是紧绷和僵硬，就表明沟通方没有进行一致性的表达。因而，觉察自身的情绪反应，并了解、接纳和感受情绪所传达的信息意义，是建立一致型沟通模式的重要基础。

案例 一致型沟通模式的正确表达

人们对一致型沟通模式具有这样的误解：一致型沟通模式就是有什么感觉或情绪就要说出来，感到愤怒时，就以"我很生气"进行表达；而感到烦躁或无奈时，就以"我很烦"进行表达。这样表达没有问题，但是网民还应该考虑在什么状态下进行表达以及用何种方式表达。

一致型沟通模式的正确行为表现：首先觉察到自己的身体反应和情绪的变化，并且承担起对自己情绪的责任，而不归咎于对方或他人；然后为自己的情绪、为发生在自己身上的一切事情负责；接纳自己的紧张、生气和恐惧等情绪；最后做出可以使自己的身体感到舒服、情绪逐渐平缓的行为或表达，而且非常欣赏自己的所做的这一切。

完成了上述过程后，网民就做到了一致型沟通模式的第一层了。此时，网民才能不包含抱怨，并且真诚一致地表达自己的感受。

2）深入觉察

一致型沟通模式的第二阶段是深入觉察，这一层次需要用到另一个重要概念"冰山隐喻"进行阐述。简单来说，就是网民深入了解自己内心真正的渴望和期待，并适时与合理地予以展现。如果网民不去探索自己真正想要的是什么，并放纵自己沉溺于无聊、不满和抱怨的情绪中，而这些情绪将使自身的所言所行与自身渴望背道而驰。往往会造成渴望温暖情绪和亲密关系的网民，却用指责的态度和索求的言语将沟通方推离自己。图 7-10 所示为冰山隐喻。

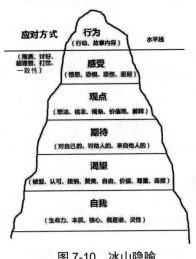

图 7-10　冰山隐喻

综上所述，网民要做的就是察觉并正视自己的渴望，然后为这份渴望负完全的责任；重点理解为放弃曾经投射在他人身上未满足的期待，并以自身的条件来完成这份渴望。

3）身心合一

一致型沟通模式的第三阶段是与普遍存在的生命力保持和谐一致，简单来说就是身心合一并顺应自然。

7.4　网络沟通的原则

沟通是每个人每天都要从事的一项活动。它是人与人之间求同存异、化解矛盾的基本途径。然而，许多情况下的沟通都是无效的，轻则浪费时间，重则激化矛盾。想要在网络沟通中提升沟通效果，至少需要坚持以下 6 个基本原则，如图 7-11 所示。

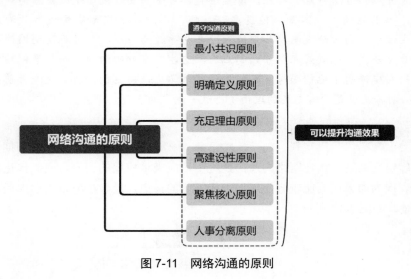

图 7-11　网络沟通的原则

7.4.1　最小共识原则

最小共识原则是指在网络沟通的过程中，应当尽可能少地默认对方已经与自己在意识或潜意识中的认知达成共识，除非有充足的理由支持这一点，如图 7-12 所示。可以理解为在沟通过程中，沟通一方尽可能少地默认对方知道自己所知道的东西，除非对方的言行已经表现得足够明显。

在网络沟通中，一些网民经常会认为知道某个知识是天经地义的或者认为这是常识，其他人也肯定知道其意思，事实上其他网民并不知道。沟通双方的对话，都是从自身已知的事实出发，沟通另一方经过推理得出进一步的结论。如果沟通另一方不知道推理起点的事实，自然就无法评判推理信息是否有效。

图 7-12　最小共识原则

案例　最小共识原则的沟通

　　一个医学生认为，盐分摄入过多易导致高血压是明显的"常识"，然而其父母极大可能并不知道这一点。因此，该学生直接对他的父母说"吃咸菜容易导致高血压"后，如果他的父母不知道他这句话从何而来，那么就无法构成有效沟通。此时，他应该首先向父母说明，盐分摄入过多易导致高血压，之后再说明因为咸菜的盐分含量比较高，吃咸菜容易导致高血压，这才是有效的沟通。而如果他的父母在平日中的表现证明了他们知道（而非仅仅这个学生认为他们知道）这个大前提，就可以不必解释，这是"有充足的理由支持这一点"的表现。

7.4.2　明确定义原则

　　明确定义原则是指在网络沟通的过程中，应当将模糊的词语定义具体化。一般情况下表现为如果遇到比较容易出现指代不明的词语，最好事先将它的内涵与外延阐述清楚，如图 7-13 所示。

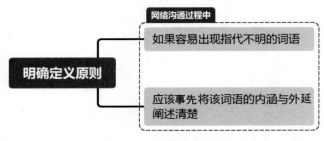

图 7-13　明确定义原则

　　汉语是一门博大精深的语言，表现为一个词语可能包含多种含义，这会对沟通产生很多的不利影响。如果沟通双方讨论了一个内容，最后却发现二者讨论的内容根本不是一个层级概念，这样既浪费了大量时间，也不构成有效沟通。而想要解决这个问题，就需要事先明确定义。

案例 明确定义原则的沟通

一般情况下，容易出现定义模糊的词主要是带有评价性质的词，包括形容词与部分名词等。特别是在网络沟通中，一些网民喜欢使用的非正规的词语。例如绿茶这个词语，它的原意是指绿化色泽和茶汤较多并且保存了鲜茶叶绿色格调的茶叶；现在主要用来泛指外貌清纯脱俗，包括长发飘飘和素面朝天的外貌体现，并在人前表现为楚楚可怜、人畜无害和岁月静好的外貌形态，却又多病多灾和多情伤感的样子，实际上是善于心计的女性人物性格。

如果沟通双方讨论绿茶的品级和表现，甲认为此绿茶表示的是茶叶名称的意思，给出了很多关于茶叶品级的相关论据；而乙却认为这个字表示的是女性人物性格的意思，给出了这个人的一些绿茶行为。沟通两方对词语的理解偏差，造成了他们的无效沟通。但是如果在讨论之前，就明确了该字的定义，就可以避免这场无效的沟通。

网民也需要注意的是，进行网络沟通时，某个名词是否能够用某个形容词来形容，往往难以构成有效的沟通。而在一般情况下，与动词相关的"是否应该做什么"类网络沟通，是最能解决实际问题的。

7.4.3 充足理由原则

充足理由原则是指在网络沟通中，对给出的所有论述和提议，应当有充足的理由支持，如图7-14所示。充足理由定律是逻辑学的4大基本定律之一，概括来讲就是"有结果必有原因"，这也是有效沟通所必须具备的基本原则。

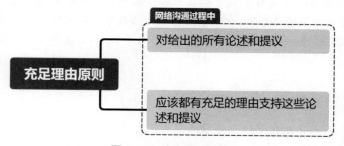

图7-14 充足理由原则

网民接受一个论述，是因为被该论述说服了；同样支持一个提议，是因为该提议利大于弊。在网络沟通中，如果想让对方接受自身的观点、认可自身的建议，网民就应该将其理由、利弊进行充分说明，然后针对阐述的理由、利弊中与其认知不符的地方进行讨论，从而构成有效的沟通。如果不给出充足的理由，只说诸如"他就是这样的"，"我就要×××"这类话，显然无法构成有效沟通。

7.4.4 高建设性原则

高建设性原则是指在网络沟通中，如果拒绝对方的提议，应当给出替代方案，使沟通具备高度的建设性，如图7-15所示。

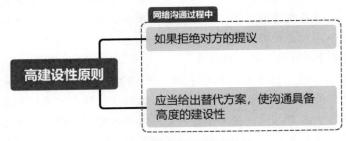

图 7-15 高建设性原则

只有极少数的计划或建议是十全十美，现实中的决议往往都是多方博弈从而妥协的结果。在网络沟通的过程中拒绝提议或计划时，如果只是说"不"，却没有给出任何替代方案，就会导致沟通不具备建设性，从而无法成为有效的沟通。

案例　　**高建设性原则的沟通**

在网络沟通的过程中，会遇见一类网民，在沟通过程中只会说"不"的人，表现为不论为其提出什么建议，对方都是拒绝，几次之后提建议方就会失去耐心，只想问"那你说怎么办"，这就是沟通不具备建设性的例子。

遇到这种情况，也没有想到替代方案时，这时候比起直接说"不"，应该告知沟通对方"这个方案还是在×××方面存在一些问题，但是暂时也没有想到替代方案，接下来我们讨论一下如何尽可能解决这些问题"，如此表达才是有效沟通应该有的内容。

7.4.5 聚焦核心原则

聚焦核心原则是指在网络沟通中，所有的论述应当聚焦在核心问题上，而非某些细枝末节的内容上，如图7-16所示。

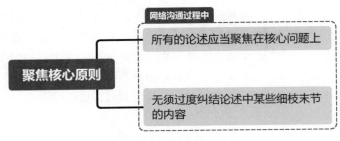

图 7-16 聚焦核心原则

除了休闲娱乐的沟通，其余沟通过程中网民都应该保持严密的论述，但每个人都无法保证永远不出纰漏。当沟通对方出现纰漏时，应该做的是出现纰漏之后继续聚焦于核心问题，而非纠结于细枝末节。沟通不是辩论赛，其目的是解决问题，而不是证明谁的观点是正确的。

案例　聚焦核心原则的沟通表现

目前的网络社会中存在一个比较流行的词，叫作"杠精"，其主要表现之一就是在细枝末节上与沟通方纠缠不休，却不关注问题的本质或核心内容。因此，如果想进行有效的沟通，绝不能在沟通中去纠结一些无关痛痒的点，而是抓住事情或问题的核心内容，用最简单利落的方式和言语进行处理。

7.4.6　人事分离原则

人事分离原则是指在网络沟通中，应当完全聚焦于沟通的事情，而非沟通者本身，如图 7-17 所示。该原则简单来说就是对事不对人。

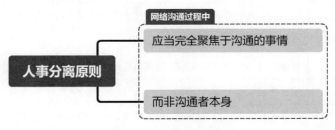

图 7-17　人事分离原则

每个人都是独立的个体，每个人对其他人都会有亲疏好恶，但如果想进行有效的网络沟通，应当将网民中"人"方面的内容抛开，以事件本身为讨论点，务必做到"对事不对人"的原则。

综上所述，有效的网络沟通需要坚持最基本的 6 个原则。这 6 个原则说起来容易，但不管是现实社会还是网络社会中，却很少人能够做到，有效的网络沟通也非常少。因此在网络沟通中，网民应当时时刻刻提醒自己注意这 6 点原则，唯有这样才能进行真正有效的沟通。

7.5　网络沟通的过程

网络沟通过程就是发送者把头脑中的想法加工为能够传递出去的各种符号并通过某种互联网媒介发送出去，接收者接收到信息后，基于自身的文化素养、人生阅历和工作经验等形成自己的理解，再把理解后的信息返回发送者的一个过程，如图 7-18 所示。

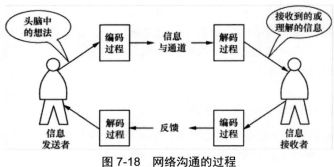

图 7-18　网络沟通的过程

网络沟通的过程包括 7 个要素，分别是信源、编码、信息、信道、信宿、解码以及反馈，各个要素的解释如表 7-3 所示。

表 7-3　网络沟通过程要素的解释

要　　素	解　　释
信源	信息源，就是信息的发送者
编码	信息发送者将想要表达的内容转化为信息传递符号的过程
信息	经过编码后呈现在沟通媒介中的内容
信道	传送信息的通道或媒介物，由发送者选择
信宿	信息的接收者
解码	信息接收者根据自己的理解对信息内容做出的解释和说明
反馈	接收者把接收到或理解到的信息再返回到发送者

1. 信源

在网络沟通的过程中，信息发送者决定网络沟通的方式、内容。因此，信息发送者的素质和沟通经验是决定网络沟通取得何种结果的首要因素。

2. 编码

信息发送者可以将自己头脑中的想法或意图以文字、语音、图表、图片或视频等形式转化为信息接受者能够理解的一系列信息传递符号，这个转化过程就是编码。也就是说，编码就是信源能力的具体表现。在编码过程中，能够影响编码的有 4 个条件，包括技能、态度、知识和价值观。

（1）技能：语言组织能力与逻辑推理能力。如果没有这两项技能，信息发送者很难使用有效的方式将信息传递给接收者；

（2）态度：态度影响行为，预先定型的想法及态度影响着沟通双方的交流结果；

（3）知识：网络沟通还受网民在某一具体问题上所掌握的知识范围的限制；

（4）价值观：人们在日常沟通中，如果出现分歧后，会认为沟通双方存在"代沟"。而实际上这里的"代沟"就是沟通双方自身包含的不同价值观。不同的价值观使两方无法理解对方的信息含义，从而影响了沟通结果。

3. 信息

信息发送者把头脑中的想法进行了编码，就产生了信息。例如，网民使用微信与客户进行沟通，过程中发送的文字和语音都属于信息。

4. 信道

网络沟通的媒介一般是一些社交软件，常用的有 QQ、微信、钉钉和陌陌等。沟通首先是发送者把自己头脑中的想法加工成能够传递出去的各种符号，然后通过某种途径发送出去。在这里，想法是否清晰、加工有无变形、符号是否准确、途径是否适当都影响沟通效果。这与发送者的素质、涵养、知识面、表达能力、选择媒介物的能力紧密相连。

综上所述，提高自身素质、丰富自身知识面、训练自身表达能力以及认真准备沟通内容就成为提高沟通效果的主要途径。

5. 信宿

信息的接收者是信息指向的客体，是网络沟通的首要目标。同时，接收者还有是否接收信息的决定权。而且网络沟通的效果很大程度上也取决于接受者的社会背景、文化水平和心理认知等因素的高低程度。

6. 解码

在信息被接收之前，接受者必须先将媒介中加载的信息阅读后整理归纳为自己可以理解的说法，这就是对信息的解码。与编码相同，接收者的解码过程同样受到自己的技能、态度、知识和价值观等条件的影响。

接收者的理解与发送者的本意是否一致，取决于接受者的文化水平和阅读经验等因素。因此，作为信息的发送者，要想让接收者准确理解自己的想法，在沟通之前就应该了解沟通对象的社会背景、文化水平、性格和爱好等因素，做到"有的放矢"，这是提高网络沟通效果的又一途径。

7. 反馈

反馈是对信息的传送是否成功、传送的信息是否符合原本意图进行核实的过程。反馈构成了信息的双向交流。反馈可以是接收者主动反馈，也可以是发送者主动询问。

让接收者把接收到的信息复述一遍可以检验他是否真的理解了信息的本意，这不失为提高沟通效果的又一途径。

7.6　网络沟通的障碍及消除

网络沟通具有不同于现实沟通的特点。网络沟通中出现交际障碍的情况远比日常交际常见。我们将网络沟通的特点与网络沟通障碍的产生进行结合再分析与研究，认为二者密切相关，并据此提出一些可以消除网络沟通障碍的方法，使网络沟通能够更加高效地进行。

7.6.1 网络沟通障碍的形成

在网络社会中，由于沟通双方主客观条件的影响，会出现使网络沟通不能正常进行，或者达不到预期目的等情况。这些情况就是网络沟通的障碍。接下来我们把网络沟通的特点和网络交际障碍的形成原因两个问题结合起来，详细分析网络沟通的障碍。

1. 网络沟通缺乏日常交际的语境

网络沟通缺乏日常交际的语境，具体是指对于沟通对象的背景、目前的情绪状况和个性特征都是未知的。许多网民之间的沟通都是陌生人之间的对话，即便是和认识的人进行网络沟通，如果不是使用视频或语音等形式进行沟通，也无法了解沟通对方的真实状况。因此，沟通双方的言语行为往往与日常交际不同，缺乏双方同场景的语境，会让沟通双方缺少一些限制，即礼貌原则。礼貌原则在日常沟通中是比合作原则还要普遍通用的原则。破坏礼貌原则会严重影响沟通的质量，甚至导致沟通的彻底失败。

在网络沟通中，人们为了提高沟通效率，会自然省略"请"和"麻烦你"这样的礼貌用词，打破了礼貌原则，也会直截了当地沟通一些线下不便谈起的话题。因为网民较少顾及网络沟通造成的后果，所以往往语言过于直白，缺乏润色，有时会引起沟通另一方的抵触和反感情绪，甚至造成沟通另一方的主动退出，使沟通无法达到目的。因为沟通双方不在同一场景中，所以只要沟通一方给出退出理由甚至什么也不表示，就可以退出沟通，沟通被人为中止的情况屡见不鲜。显而易见，轻视礼貌原则是网络沟通的一个缺点。

2. 受外界因素影响较大

在网络沟通中，网络状况、媒介工具的配置和网络沟通的速度差等外界因素，也可以对网络沟通障碍的形成，造成较大影响，如图 7-19 所示。

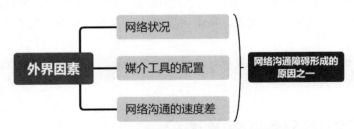

图 7-19　造成网络沟通障碍形成的外界因素

1）网络状况

只要网络沟通的一方处于掉线情境或者由于处于任意客观原因造成的暂时性无法接通网络的情境中，沟通双方的交流活动就会被迫中止。

2）媒介工具的配置

如果进行网络沟通的媒介工具其安装的版本过低或本身出现一些 bug，就会造成无法识别一些新功能或无法正常使用的情况，使交流活动彻底失去意义。

3）网络沟通的速度差

在网络沟通中，沟通双方的信息输入只能依靠键盘和屏幕，只要有速度差，就会产生信息输入量的差异。当沟通一方有大量信息输入，而沟通一方等不及，就会出现"插话"和"抢话"等现象，导致话题的暂时中断。而在现实生活中，人们沟通时遵守礼貌原则，"抢话"和"中断"等现象的发生次数会较少。

3. 经济性原则比简洁性原则更重要

网民为了提高单位时间的信息量，就得提高输入速度，而当打字速度已经很高的情况下还想提高输入速度时，可以尽量简省输入内容。因此，网络沟通的缺省现象相当普遍，这是网络沟通中的简洁性，但不可避免是信息缺省会造成沟通障碍。

案例　　**网络沟通中经济性原则更加重要**

例如下述的网络沟通。

A1：你在哪（上网）。

B1：（在）家。

A2：（你）和谁。

B2：小张。

A3：哪个（小张）。

B3：张亮。

在上述网络沟通信息链中，沟通双方的每句话都很简略，在括号里注明简省的信息。沟通者 B 用泛称的"小张"来指称特指的"小张"，由于 A 不了解情况，就产生了沟通困难。所以只有通过 B3 句给以补充信息，才维持了沟通的正常进行。可见网络沟通的经济原则与语言的准确性存在矛盾。因此，在网络沟通中，经济性原则比简洁性更加重要。

4. 网络沟通的多元语符

在网络社会中，把网络语言符号分为可读的语言符号和不可读的副语言符号。可读的语言符号包括汉字、汉语拼音、英语等其他语言和数字等符号系统。不可读的副语言符号分为写意符号和副语言符号两种符号系统，如图 7-20 所示。

不同的网友对网络语言符号系统的理解也各不相同。不同水平的理解被分为"菜鸟"（入门者）和"大虾"（高水平者）两种，他们对语符多元化的领悟程度差异很大。"大虾"占据了语言优势，以致于"大虾"的语言很难被理解。从这个角度上讲，由于网友对信息内容的理解存在"等级"差异，使语符多元化造成了沟通障碍，如图 7-21 所示。

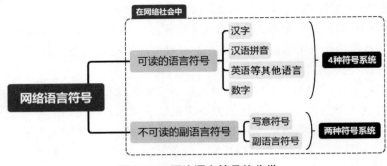

图 7-20　网络语言符号的分类

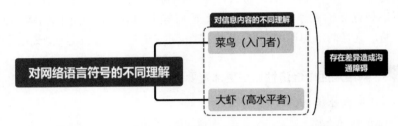

图 7-21　对网络语言符号的不同理解造成的沟通障碍

7.6.2　消除网络沟通的障碍

综上所述，在网络沟通的过程中，沟通障碍非常容易形成。接下来讲解几个如何解决沟通障碍的原则，使网民可以更加轻松自在地进行网络沟通。

1. 网络交际需要礼貌原则

在网络沟通中，由于看不到交流对方的面部表情和举止动作，对于同样一句话，没有了这些非语言因素的辅助，往往会产生不同的理解。此时，想要消除这种由于辅助因素带来的沟通障碍，应该注重网络沟通中的礼貌原则。

必要的礼貌是沟通的润滑剂，媒体应当承担起对网民宣传网上礼仪的责任，倡导文明上网。此外，应该重视表情符号的应用，用以增加网络沟通过程中的礼貌程度，同时弱化语气方面的作用。

案例　礼貌原则的网络沟通

例如下述的网络沟通。

A1：把《天龙八部》传过来；

B1：等着（微笑表情）；

A2：快点（微笑表情）；

B2：好。

显而可见，B1、A2 的沟通过程中如果没有添加表情，会显得生硬，语气带有命令性质；而如果在沟通过程中添加了笑脸之后，沟通的交流语言马上会变得柔和起来，表明沟通双方对于友好交流的诚意。这样，双方就不会产生误解，顺利解决沟通过程中的障碍。

2. 话轮流转的相互配合

在网络沟通中，由于沟通双方不在同一场景的原因，会造成话轮转换不太流畅的现象。一方面，需要打字较快的一方把自己的速度降下来配合对方，让话轮出现在双方的机会相对均等；另一方面，如果要输入大量信息，需要沟通对方等待较长时间，可以事先提醒对方，加上"稍等"和"给我一点时间"等词语或段落，使沟通不会因为另一方等不及而彻底结束，如图 7-22 所示。

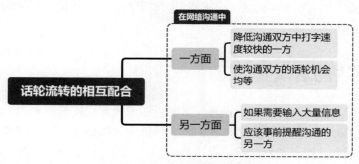

图 7-22　话轮流转的相互配合

3. 加大语言符号的统一和规范化

各个地方之间的网络用语，应有意识地统一规范。解决方法之一是编制《网络用语词典》，并经常补充有生命力的词语，淘汰不能"俗成"的词语。有了统一的和规范化的《网络用语词典》，才能缩小网民之间的语言差异，更好地利用网络沟通感情并交流信息。

7.7　本章小结

本章主要讲解网络沟通的相关知识。具体内容包括网络沟通的含义、网络沟通的特点及作用、网络沟通的模式、网络沟通的原则、网络沟通的过程以及网络沟通的障碍及消除等，同时在大量的知识点中增加案例，帮助大家快速理解和掌握相关知识。

第8章　有效沟通技巧

在网络沟通中，有效的沟通技巧就是提高表达能力。而想要提高表达能力，首先需要详细了解和掌握表达的相关知识，然后将掌握的表达知识和技巧应用在网络沟通中。希望大家能够在实践活动中将知识融会贯通，并逐步提高自身的沟通能力，以获取更好的沟通效果。

8.1　表达的含义

表达是将思维所得的成果用语言、文字或图表等方式反映出来的一种行为。为了方便大家更好地理解何为表达，我们将表达的含义拆解为目的、内容、工具和接受对象等几部分，即表达以交流、沟通和传播为目的，以事物、事情、情形和道理为内容，以语言、文字和图表等为工具，以听者和读者为接受对象，如图8-1所示。

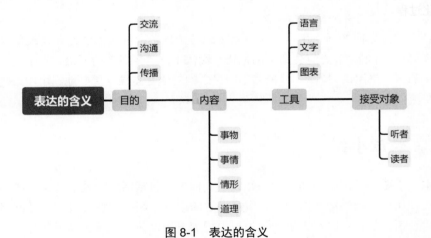

图 8-1　表达的含义

表达是观察、记忆、思维、创造和阅读的综合运用；同时，表达也是各种学习能力、智力水平以及情商高低的实时反映。

课堂讨论： 了解和掌握了表达的含义后，我们可以尝试着回忆网络沟通的相关概念和知识，然后对表达和沟通进行整理，并尝试着分析与研究二者之间有哪些关联？

8.2　表达的方式与原则

在网络社会中进行沟通活动时，在遵循表达原则的条件下，沟通双方可以根据交流氛围和事件的不同，选择使用不同的表达方式，力求达到沟通的目标和结果。

8.2.1　表达的方式

信源发送信息时，可以按照表述内容的不同对表达进行分类，表达的方式一共分为 5 种，包括叙述、描写、抒情、议论和说明，如图 8-2 所示。在表达过程中灵活运用这 5 种表达方式，一般情况下都能够增强表达本身效果的作用。

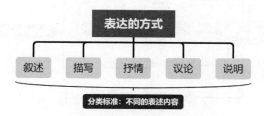

图 8-2　表达方式的分类

1. 叙述

叙述是沟通交流中最基本、最常见的一种表达方式。它是信源对所述事物的发展变化过程以及场景、空间的转换所作的叙说和交代。

2. 描写

描写是将描写对象的外观或外貌、情形或状态描绘出来，再现给信宿的一种表达方式。在一般的抒情、议论、说明表达中，也会把描写方式作为一种辅助手段。如果信源能够逼真传神和生动形象的将描写对象表述出来，使信宿根据描写的内容在自身脑海中构建其人、如闻其声或如临其境，那么这个描写是成功的。

3. 抒情

抒情是抒发和表现信源感情的一种表达方式。该种表达方式是沟通交流中常用，在一般的网络沟通过程中，常常作为重要的辅助表达手段进行使用。

4. 议论

议论是信源对某个议论对象发表见解，用以表明自身观点和态度的一种表达方式。该种表达方式的作用在于使沟通交流更加鲜明和深刻，具有较强的哲理性和理论深度。在正式的网络场景中，它是主要的表达方式；在一般的网络沟通中，也常常被当作辅助表达手段进行使用。

5. 说明

说明是使用简明扼要的文字，把表述内容的形状、性质、特征、成因、关系以及功用等解说清楚的一种表达方式。

8.2.2 表达的原则

积极接收信息是双向沟通的一个方面，好的沟通者同时也应该是一个有效的表达者，这表明了表达和接收同样重要。接下来我们将详细介绍 5 个表达的原则，包括对事不对人、勇于表达自己的真实感受、多提建议少提主张、充分发挥语言的魅力以及让对方理解自己的意思。这些原则可以帮助我们有效提高沟通交流的效果，如图 8-3 所示。

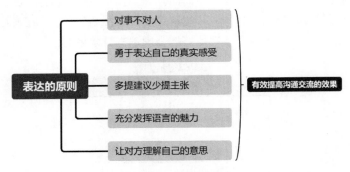

图 8-3　表达的原则

1. 对事不对人

在沟通交流中，对事不对人表达原则可以使用另外一个词来代替，即"谈行为而不谈个性"。行为指的是一种正在谈论的事的本身，而个性指信源这个人的特点和品质。

在沟通交流过程中，"谈个性"很容易引起沟通对方的误解，从而产生一些逆反心理，导致沟通双方从一开始建立的是一个并不牢靠的基础。基于此，在沟通交流时，应用"谈行为"的表达手段，使沟通双方交流活动的开始和过程中都处于相对平缓的情绪和氛围中，从而有效提高沟通效果。

案例　对事不对人原则的正确应用

责备一个月迟到了好几次的职员，批评他的迟到是懒惰行为，这是对一个人个性的评述。此时，迟到职员可能会有的心理活动："我没有老是迟到，只是迟到两次，我以前不迟到的时候，怎么从来不表扬我？"这是职员产生的抗拒和逆反心理。"谈个性"时容易产生一些对立情绪，冲突往往因此而起。

如果换一种"谈行为"的表达手段，对立问题出现的概率会低很多。"小刘，这是你第二次迟到，第一次迟到是在上个星期三，能不能告诉我什么原因？"这里面谈的就是行为。"谈行为"可以保证表达的准确性和客观性。

"谈行为"是客观的，一个月期间迟到两次，这是客观事实。

"谈行为"的表达手段更加利于沟通，确实是这个月迟到两次，而且是以关心的口吻进行询问。表述内容中没有责怪的成分，可以让对方听起来比较容易接受。

"谈行为"是一个准确的信息。

2. 勇于表达自己的真实感受

很多人会认为将自身的真实感受表述出来，会让自身处于弱势的地位，因此不愿以真诚的态度进行沟通。而在实际的网络沟通中，承认自己的不足或客观陈述自身的优点，会让沟通对方感觉到自身的真诚，有助于建立良好的双向关系，从而有效提高沟通的效果，如图 8-4 所示。但是在网络沟通过程中，也不能过于频繁地表述自身的不足，这样反而会引起反面效果，因此，承认不足也要适度。

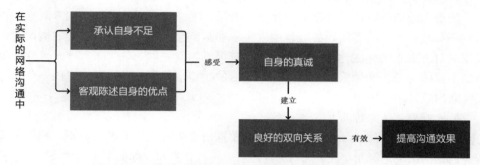

图 8-4　勇于表述自己的真实感受可以提高沟通效果

3. 多提建议少提主张

多提建议少提主张表达原则中，建议指的是提出自己的观点和方法，由沟通对方决定是否采纳，而主张是让沟通对方接受自身的观点和想法。相比较而言，主张具有一些强迫性质，建议则更加自由。

在网络沟通中，由于建议的选择权在对方，这会使沟通的氛围趋于缓和，建议被接受的概率较高，从而有效提高沟通效果；而由于主张的选择权在自己，会造成沟通氛围趋于紧张，不利于主张被采纳，从而间接降低沟通效果，如图 8-5 所示。

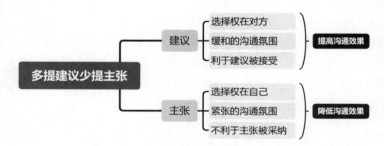

图 8-5　多提建议少提主张

调查表明，在实际的网络沟通中，沟通一方提出的建议，被对方认可的可能性高达 42%；但是对于提出的主张时，被对方认可的可能性只有 25%。对于提出的建议，被沟通对方反对的可能性低至 18%；而对于提出的主张，被沟通对方反对的可能性则高达 39%，不同沟通手段的各项数据如表 8-1 所示。

表 8-1 沟通手段的数据

沟通手段	认可的可能性	反对的可能性
建议	42%	18%
主张	25%	39%

在沟通过程中，不管提建议和主张一方的态度如何强硬，压力如何巨大，接受建议和主张的可能性都会在长时间的交流中逐渐降低。从表中也可以看出，提出建设性的建议比主张更有效。

如果沟通的一方在交流事件中是一个新手，无法在沟通的过程中拥有高建设性的判断和建议时，或者沟通的过程中发生了非常危急、必须马上做决断的情况时，又或者对方要求给一些建议和主张时，此时可以为其提供一些主张，同时也要为提供的主张阐明理由和原因，由对方确定最后的决定，从而建立沟通双方的信任，提高沟通的效果。

4. 充分发挥语言的魅力

在沟通的过程中，还需要遵循"充分发挥语言的魅力"的表达原则，利于有效提高沟通的结果。例如，人们与对方沟通时，将"你"和"你们"变为"我"和"我们"，这样的沟通语言可以拉近沟通双方的距离，从而提高沟通的效果。

5. 让对方理解自己的意思

在实际的网络沟通中，如果想要让沟通对方理解自己的意思，建议用下述 3 种方法。

（1）使用沟通对方能够理解的语言进行表达。由于很多沟通活动的双方可能具有不同的背景、知识层次和人生阅历等，这些因素使沟通双方存在一定差异，所以不要使用对方理解不了的语言或手段内容进行；

（2）KISS 原则。Kiss 是 Keep it Simple，Stupid 英文的缩写，翻译并美化后的意思为保持简洁的理解原则；

（3）Bra-a 表达技巧。

B：定期与对方进行沟通，提升对方对自身的信任；

r：沟通对方非常需要他人关注或关心自己，也希望把自己的想法及时告诉他人；

a：具体做法是每月安排一次正式沟通活动，并总结归纳一下阶段性的工作和了解下一阶段的工作计划，并借机征询对方的建议；

a：询问沟通方采用的表达方式的使用评价。

课堂讨论：了解了表达的含义、方式和作用等知识后，我们可以尝试着分析与研究有效表达在沟通中的作用。

8.3 有效的反馈

除了有效的表达能够提高沟通效果以外，进行有效的反馈也可以提高沟通的效果。一般情况下，反馈有 4 种类型，包括正面认知、修正性反馈、负面反馈和没有反馈，如图 8-6 所示。

图 8-6 反馈的类型

1. 正面认知

正面认知就是表扬沟通对方。具体操作是在沟通过程中发现对方做得对和说得好时，给予对方任意形式的夸赞和认可。在实际的沟通过程中，会经常需要进行正面反馈，用以提高沟通效果。

例如，工作中发现成员的工作进度比预期更快，效果也更好，这时就要适时向其表达一些赞扬，使其对自身的优秀形成正面的认知。这是因为正面的认知可以激励优秀行为再现。

2. 修正性反馈

修正性反馈并不等同于批评，是对沟通活动进行客观和实时的反馈，如图 8-7 所示。一般当工作没有完全达到标准时，可以采取修正性反馈方式提高沟通的效果。

图 8-7 修正性反馈

案例 修正性反馈的正确使用

当领导查看公司这个月的财务报表后，认为报表的准确性非常好，但没有提供一些关于经营的建设性意见，此时的领导要对这个报表发表一些自己的反馈。因为报表的评价中有好有坏，此时采用修正性反馈更加利于沟通，以下为对报表的两种表达反馈的方式。

（1）批评方式："小刘，这个财务报告怎么没有对经营的建设性意见呢？下个月要赶紧加上。"

（2）修正性反馈："小刘，你的报告很准确，而且准时地交过来了，但如果加上一些经营的建设性意见，报告会更完整、更好。"

仔细阅读上述反馈类型后，发现第一种反馈表达方式是一种完全的负面评价，而第二种反馈表达方式既认可了财务报告好的一面，同时又指出了需要改进的地方。修正性反馈其实就是一个"三明治"策略和方法，也被称为汉堡包原则。应用这一项原则时，第一层"面包"放置事物的优点；中间则放置需要改进的项目；最后面的一块"面包"则放置对事物的鼓励和认可等。

3. 负面反馈

第 3 种反馈是对沟通内容的批评，因此被称为负面反馈。负面反馈只会让对方意识到批评方对自身是不满意的，这会打击沟通方对沟通活动的积极性和热情，进而降低沟通效果。因此，建议大家尽量不对任何人或任何事进行负面反馈，如果沟通活动所表述的目标和预期有所差距，可以将负面反馈变为修正性反馈，使对方更容易接受和理解反馈信息。

4. 没有反馈

第 4 种反馈是没有反馈。网民的网络沟通的过程中，会遇到一种情况，就是无论做得好还是不好，沟通对方都不告诉自身，这种情况就是典型的没有反馈。

没有反馈是一种非常糟糕的沟通手段，会对沟通双方产生两方面的负面影响，如图 8-8 所示。一方面让完成度和准确度非常高的沟通活动失去判断标准，逐渐降低沟通活动的完成度和准确度；另一方面让完成度和准确度低的沟通活动产生"没有反馈就说明我没有问题，可以继续这么做下去"的心理，从而使沟通者以更加放松和懈怠的态度完成沟通。

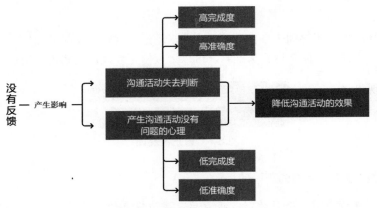

图 8-8 没有反馈产生的影响

综上所述，有效的反馈应该是鼓励网民作正面的认知，不要吝啬自己的赞扬。如果沟通者出现问题，应该采取修正性反馈的手段，并以关心、支持以及相信的心态出发，发表修正性反馈，尽可能不要使用负面反馈以及没有反馈等方式。

8.4 表达的逻辑

在日常的生活和工作中，有的人在表达时不仅条理清晰而且逻辑结构完整，这样的表达可以使信宿快速理解信源所表述的信息；同时，这样的表达即使应用于表述专业性较强的内容，也能让信宿理解部分简单的内容。而有的人在表达时因为表述内容没有逻辑，会使信宿处于疑惑状态。因此，表达时的逻辑条理对于沟通来说非常重要。

8.4.1　无逻辑表达的表现

对于没有逻辑的表达来说，可以根据表达结构和所述内容的不同分为 3 种表现，包括信息前后矛盾、信息没有条理以及信息含糊没有重点，如图 8-9 所示。

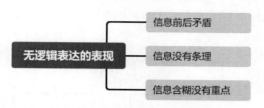

图 8-9　无逻辑表达的 3 种表现

1. 信息前后矛盾

信息前后矛盾就是指前面表述的信息与后面表述的信息关联不上而产生的自相矛盾，或者表述内容中所用的例子不能证明自己的观点的状况。例如，小张的表述："我睡眠太少的话，第二天就容易头痛。……我最近加班比较严重，已经好几天没有休息好了，幸好平时锻炼，也没啥事。"第二天应该头痛的，结果没啥事，典型的信息前后矛盾。

2. 信息没有条理

一般情况下，当信源想要把几件事掺杂在一起进行表述时，极容易出现信息没有条理的现象。

例如，一个公司经理的表述："今年公司的业绩不错，销售部的同事业绩比去年大幅度上升。产品部研发的几款产品获得了热销，这也有产品部的功劳，同时也是销售部同事努力的结果。"该经理应该是想表扬销售部和产品部的，但把两部分联合在一块进行表述，造成两个部门的信息表述都不全面，还显得很凌乱。信宿接受这样的表述信息并不会满意与欣喜。

3. 信息含糊没有重点

信息含糊没有重点就是信源在表述时很啰唆，而在这个过程中，信宿无法从大量的表述信息中找到重点信息，造成沟通活动失去意义。例如下面的表述，就是典型的信息含糊没有重点。

"以上几个人的发言都讲了关于项目后续的建议。我觉得这个项目从长远当前的进度是很快的，按期完工没问题。据了解，其他公司研发的产品……（讲其他公司产品，讲了 10 分钟）我们公司这次项目研发的产品……（又讲了 5 分钟）"

上述 3 种无逻辑的表达方式，在增加信宿沟通时长的同时还会使表述者自身的观点缺乏有力支撑，会对实际的工作和学习造成一定的不良影响。

8.4.2　结构表达的 6 个逻辑

前面讲解的 3 种无逻辑表达，我们经过整理归纳，其原因主要是信源自身还没有把事情想清楚，没有形成一个核心的观点，同时也说明表述者的表达缺乏结构性，没有逻辑。这是因为没有结构的表达好像一团乱麻。即使信源表达的内容全面且详细，但是所有内容纵横交错，也会让信宿无法理解。

有结构的表达，就像一个金字塔，观点在最上面，然后往下的每一层都围绕观点依次展开论述。这样有层次和有条理的表述内容，会带给信宿一种一目了然的感觉，图 8-10 所示为结构表达的层次。

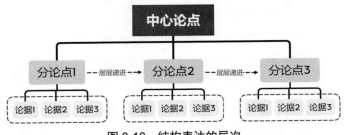

图 8-10　结构表达的层次

表达必须有结构、有逻辑是因为人的大脑记忆有一个特点，即更喜欢记住有结构的内容。所以只要信源进行的是结构化表达，就会让信宿感觉信源的表达条理清晰和语句通畅，并且能够快速和轻易地理解表述内容。那什么是结构化表达呢？简单来说，就是结构 + 逻辑就构成了结构化表达，如图 8-11 所示。

图 8-11　结构化表达

如何进行结构化表达，具体操作是掌握 1 个中心 + 合理分类 +6 个基本逻辑，就能够帮助信源快速建立结构性表达的框架模型，如图 8-12 所示。

结构化表达的框架模型

图 8-12　结构化表达的框架模型

1. 1个中心

简单来说，1 个中心就是中心论点清晰，让信宿一开始就知道信源表述内容的核心观点。这里推荐信源使用议论文的表达方式，具体操作就是在文章第一段先行输出结论观点，之后展开自己的论点进行论证，最后结尾段落再次总结结论观点，形成总分总的表达模式。

2. 合理分类

按照不同内容分类进行叙述，让信宿能够知道表述内容的模块分类。分类的目的不只是将想要表达的内容按照一定的类别进行归纳整理，更重要的是整理出观点之间的逻辑，通过逻辑分类，再将表述内容系统、结构化地表达出来。因此，对于大部分人来说，只要掌握了最基本和最常见的逻辑结构，就等同于掌握了合理分类的最好方法。

3. 6个基本逻辑

接下来通过讲解6个常见的逻辑结构，帮助信源快速建立结构性表达。

1）时间逻辑

时间逻辑就是按照时间演变的自然顺序展开表述。由于时间逻辑符合事物的自然发展规律，不仅可以让信宿更好的理解，同时也方便信源可以快速记忆表述内容。因此，时间逻辑是最容易掌握的一种结构化表达。

时间逻辑的关键词包括过去、现在和未来等。时间逻辑的优势包括思路清晰和既是逻辑也是分类。

案例　**《乡愁》中的时间逻辑表达**

小时候，乡愁是一枚小小的邮票，我在这头，母亲在那头。长大后，乡愁是一张窄窄的船票，我在这头，新娘在那头。后来啊，乡愁是一方矮矮的坟墓，我在外头，母亲在里头。而现在，乡愁是一湾浅浅的海峡，我在这头，大陆在那头。

该首诗按照"小时候""长大后""后来啊"以及"而现在"的时间顺序，这样由远及近描绘了不同时期的思乡之情。

2）空间逻辑

空间逻辑是以地理单位为最基本的表达结构。该种逻辑表达最大的好处是能够让信宿快速在大脑中绘制出一幅地图，方便表述内容可以更有效地进行传递。

空间逻辑的关键词包括家、路上和办公室等空间地点。空间逻辑的优势有形象、令人印象深刻以及帮助理解等。

案例　**《从百草园到三味书屋》中的空间逻辑表达**

出门向东，不上半里，走过一道石桥，便是我的先生的家了。从一扇黑油的竹门进去，第三间是书房。中间挂着一块匾道：三味书屋；匾下面是一幅画，画着一只很肥大的梅花鹿伏在古树下。没有孔子牌位，我们便对着那匾和鹿行礼。第一次算是拜孔子，第二次算是拜先生。

上述内容就是按照空间逻辑进行表达，以出门向东、走过石桥、竹门进去、中间和匾下等空间词语，依次展开回忆。

3）三角逻辑

在三角逻辑中，三角形的顶点是中心论点，三角形底部的左右两个点分别是论据和资料，如图 8-13 所示。因为三角形是最稳定以及最能给人带来力量感的结构，所以利用 3 要素组成逻辑结构后，信源的论点、论据和资料会相互佐证和相互证明。信源使用这样的结构进行表述，信宿便能够轻易理解表述内容的严谨逻辑。

图 8-13　三角逻辑

除此之外，三角逻辑中的"三"也可以用作 3 个要素，例如多听多写多练、领导同事下属和客户员工股东等，这里的 3 个要素必须是具有高度代表性和概括因素的内容。三角逻辑的优势是客观、公正和慎思等。

案例　**三角逻辑表达**

众所周知，在剧本创作模式中，三幕剧结构比四幕剧结构的戏剧性更强，任何一部伟大的电影、书籍、戏剧或演讲作品都具有三段式的结构。下述为具有三角逻辑的表述。

首先将"公司决定聘请某知名演员担任产品代言人"这一事实当成资料，然后将"如果请知名演员来代言新产品，那么产品知名度便会提升，进而成为粉丝眼中的热门产品"这样一般化的大众观点与法则作为论据，便可以推导出"使用此种推广方法可以使新上市的产品借此机会慢慢成为受欢迎的产品"这一结论。

4）变焦镜逻辑

摄影师使用相机的变焦镜头，通过调整焦距可以对画面进行拉近或拉远拍摄，同样地，信源利用变焦镜逻辑能够有效地展现出思维的层次感与表达的层次感。

常见的变焦逻辑包括小↔中↔大结构、高↔中↔低结构以及点↔局部↔全部结构 3 种。双向箭头代表的是信源可以从两个不同的方向进行论述，即可以从大到小，也可以从小到大。在变焦镜逻辑中，分为拉远镜头和拉近镜头两个论证方向，不同论述方向的目的如表 8-2 所示。

表 8-2　不同论述方向的目的

论述方向	目　　的
拉远镜头	扩大到更宽的视野；处理敏感或保密的信息；证明选择或决定的合理性
拉近镜头	着眼于具体细节；反驳一概而论的表述方式；将问题具体化

课堂讨论：掌握了变焦镜逻辑后，信源以"网络沟通"为中心论点，应该根据由大到小的拉近镜头逻辑表达进行表述，我们可以尝试着分析与讨论拉近镜头逻辑的论据是什么？

5）钟摆逻辑

在钟摆逻辑中，采用"正＋反＋合"的形式进行内容表述。也就是说，使用钟摆逻辑表达能让信源承认两种相异的观点，然后将信宿引向中间立场，从而在僵局中实现沟通目标和提高沟通效果。

钟摆逻辑有两种变化形式，分别是温和形式和激进形式。温和形式比较适合提出妥协方案，而激进形式比较适合提出新的观点。简单来说，就是温和形式的钟摆逻辑是 A 也好，B 也好，A+B 更好。该钟摆逻辑形式的目的不是要推翻两个相异的观点，而是调和两个相异观点。激进形式的钟摆逻辑是 A 也不好，B 也不好，然后提供 C 选择。该钟摆逻辑形式的目的是当前面两种选择都不合适的时候，合理提出第 3 个建议，如图 8-14 所示。

图 8-14　钟摆逻辑的两种形式

6）收益逻辑

收益逻辑是概述产品、服务或想法有何作用，其重点在于这些作用对信宿的好处，以及不遗漏特别明显的收益。因此，收益逻辑表达特别适合在推广思想以及销售产品的沟通活动中使用。正向收益是指信源所述内容对信宿具有一些积极作用；反向收益是信源对信宿进行表述，没有中心论点时的损失内容。

案例　收益逻辑表达

正向收益：网民学会结构表达后，不但可以提高沟通效率，还可以获得其他网民的认可。

反向收益：为什么要学会结构化表达，因为不会结构化表达就会大大降低在职场中的竞争力，并且失去升职加薪的机会。

8.5　事实与观点

在网络沟通中，网民可能经常遇到下述情况：沟通双方激烈地争辩一些问题，但是谁都说服不了谁，最后导致不欢而散。此时，沟通双方都会产生对方如此不讲理的情绪，而产生这种情绪的主要原因是很多人在沟通表达时无法区分"事实"和"观点"，导致双方出现各抒己见的情况。接下来，我们将详细讲解事实与观点的概念，使信源掌握 1 个有效的沟通技巧，能够区分事实与观点，从而提高沟通效果。

1. 事实的概念

事实是客观存在的陈述，其特点是不以人的意志为转移。使用观察、实验和记录等测量手段，从自然收集而来的内容称为事实；事实代表了客观，一般在沟通表述中体现出理性，如图 8-15 所示。

图 8-15　事实

2. 观点的概念

观点是信源在表达思想时的主观判断，其特点是"仁者见仁和智者见智"；通过学习、比较、判断和质疑等思维方法，反应和呈现在网民头脑中的结论性内容称为观点；观点代表着主观，一般在沟通表述中体现出感性，如图 8-16 所示。

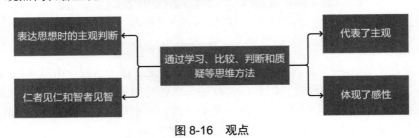

图 8-16　观点

3. 事实的形成

由于事实是在验证过程中被记录下来的陈述内容，所以其既可以被证明，也可以被证伪，并且他人还可以重复验证和记录。

由于个人的直接观察不具有代表性和典型性，所以重复的和多方的验证观察记录才能成为事实。例如魔术，观看魔术表演的人被自己的观察所蒙蔽，以为看到了事实，却不知所观察的现象已经被特意扭曲。

4. 观点的形成

观点的形成建立在主观意识的基础上，因此一个人的世界观、人生观和价值观等因素都会影响其每个观点的形成。观点可以根据事实推断，也可以凭借想象得到发挥。同时，由于观点带有主观性，所以难区分对错，一般只可评价该观点合乎哪种价值观和逻辑以及予以认同还是否定。

观点可以是信源直接观察的印象，也可以在信源讨论或思辨问题的过程中形成。讨论需要建立在相互承认事实和共同逻辑方式的基础之上，概括起来就是"摆事实，讲道理"。基于事实和逻辑方能形成有效观点。如果讨论不以事实而以猜测或失去效力的记载为依据，并以他人观点为标准，再配合比较大的赌性和胆量，将会导致观点无效。如果讨论未经验证的、扭曲的或伪造的事实，即使逻辑再严密，同样会导致由结论形成的观点无效。

8.6　提问的技巧与作用

提问是沟通过程中的基础因素之一，其能力也是决定沟通能力高低的因素之一，所以必须掌握沟通过程中的提问技巧，包括掌握提问的技巧以及明确提问的作用，从而有效地提高沟通效果。

8.6.1　沟通中提问的技巧

掌握沟通中的提问技巧，包括提问的基本原则和常用的提问方式，就可以明确把握沟通对方的需求，从而高效和准确地进行之后的沟通活动。

1. 提问的基本原则

信源想要与沟通对方在交流活动中以友好、顺利和轻松的氛围下完成提问目标，必须遵守下述 4 个基本原则，如图 8-17 所示。

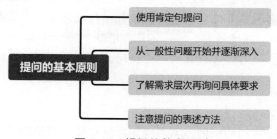

图 8-17　提问的基本原则

1）使用肯定句提问

在沟通过程中，使用肯定的语气提出一个令信宿感到惊讶的问题，是引起信宿注意和兴趣的可靠方法。例如，"你已经……吗？"或"你有……吗？"。信源也可以先行表述自身的主导思想，然后在表述内容的末尾使用提问的方式将其传递给信宿。例如，"现在很多先进的公司都开始办公自动化了，不是吗？"只要运用得当，表述内容符合事实且与信宿的观点一致，就可以引导信宿反馈给信源一连串的"是"，最终达成沟通目标。

2）从一般性问题开始并逐渐深入

在沟通过程中向信宿提问时，虽然没有明确和固定的程序，但一般情况下都是从一般性的简单问题开始，然后逐层深入，以便可以快速和便捷地从中发现信宿的需求，用以营造和谐的沟通气氛，为进一步的达成沟通目标奠定基础。

3）了解需求层次再询问具体要求

当信源了解了信宿的需求层次后，就可以在接下来的沟通活动中掌握沟通的大方向，即将提出的问题缩小到某个范围以内，从而明确具体需求。

例如，信源确定信宿的需求层次处于低级阶段，即生理需要阶段后，那么就可以明确信宿对产品的关心集中在经济耐用方面。基于此，信源开始重点从这方面提问，并向信宿指出该商品在经济耐用方面的优势，从而提高沟通目标的达成率。

4）注意提问的表述方法

在沟通过程中，提问的表述方法也会影响到最后的沟通结果。因此，提问时也需要注意表述方法。

案例 **提问时表述方法的重要性**

一名学生向他的英语老师提问："老师可以在自习课上放映英文原版电影吗？"这个请求遭到了老师的断然拒绝。另一名学生也向英语老师提问："老师可以为了锻炼我们的听力在考试前夕放映英文原版电影吗？"该表述中的放映电影请求得到了允许。基于此，在实际的沟通交流中，信源应该注意提问的表述方法，使用更加利于信宿的表述内容提高提问的完成率。

一个保险推销员向一名女士提出问题："您是在哪一年出生的？"由于沟通双方是陌生人，还未建立起信任关系，使得这位女士接收到提问时恼怒不已，从而导致了提问的失败。这名推销员吸取教训，改用另一种提问方式："在这份登记表中，要填写您的年龄，有人愿意填写，有人不愿意填写，您愿意填写吗？"得到的结果会好很多。以上两个提问内容告诉我们，在提问时首先阐述或说明做法的理由，对沟通具有积极作用。

2. 常用的提问方式

在沟通过程中，常用的提问方式有 4 种，分别是求教型提问、启发型提问、协商型提问和限定型提问，如图 8-18 所示。

图 8-18　常用的提问方式

1）求教型提问

求教型提问是用婉转的语气，以请教问题的形式进行提问。这种提问方式是在不了解沟通对方意图的情况下进行的投石问路，用以避免在接下来的沟通过程中遭到对方拒绝而出现难堪局面，同时还能了解到对方的状况。

2）启发型提问

启发型提问是以先虚后实的形式进行提问，最终让沟通对方反馈给信源其想要的答案。这种提问方式是利用一环套一环的温和方式，让信宿逐步反馈给信源其想要的答案。此种提问方式有利于表达信源自身的感受，同时还能促使信宿进行思考，并控制沟通进行的方向。

3）协商型提问

协商型提问以征求对方意见的形式进行提问，诱导沟通对方进行合作性的回答。一般情况下，该种提问方式对信宿来说比较容易接受。即使沟通中出现不同意见，也能保持比较和谐的关系，使沟通双方仍可进行下一个步骤。

4）限定型提问

限定型提问是指在一个问题中，为信宿提供两个可供选择的答案，并且答案都是肯定的。由于一般人们都有一个心理认知，即认为说"不"比说"是"更容易也更安全。所以，经验丰富的信源向信宿提问时，会设法尽量避免顾客说出"不"字。

案例　限定型提问

在与沟通对方制定约会时间时，经验丰富的网民不会以"我可以在今天下午来见您吗？"的方式进行提问，因为该种提问方式只能在"是"和"不"选项中选择答案。沟通另一方多数会说："不行，我今天下午的日程实在太紧了，等我有空的时候再打电话约定时间吧。"此时，沟通活动已经失败。而使用"您看我是今天下午2点钟去见您还是3点钟去见您？"的方式提问，沟通另一方多数会回答"3点钟来比较好。"或"2点钟来比较好"等，此时，沟通目标已经达成。

8.6.2　沟通中提问的作用

沟通是至少由两个人组合而成的行为，因此提问是沟通中最核心的因素之一。同时，提问恰好契合了沟通的这个特质，即一问一答和有来有往。基于此，提问对于沟通来说，具有促进交流、获取信息以及了解对方等十分重要的作用。在沟通过程中善于提问，就能够掌握沟通活动的进程、控制沟通目标的方向以及捕捉沟通对方的情绪。因此，提问是沟通活动的推力。

其实，提问的目的是为沟通营造一种和谐的氛围。因此，从信宿的角度发起提问，往往能够获得良好的沟通效果。所以信源在提问时，首先需要明确沟通对方的心理脉络，然后选择在正确的时间进行提问，才能让提问变成一种人际互动，并使沟通活动能够顺利进行和完成。

8.7　非语言沟通

通过身体的动作、体态、语气语调以及空间距离等方式完成沟通活动的过程，被称为非语言沟通，与语言沟通对立。

1. 非语言沟通的方式

在沟通中，信息内容一般以语言的形式进行表达，而非语言则作为提供解释内容的框架，完成信息表达的相关部分。因此非语言沟通常被错误地认为是辅助性或支持性角色。非语言沟通的方式分为 3 类，包括标志语言、动作语言和物体语言，如图 8-19 所示。

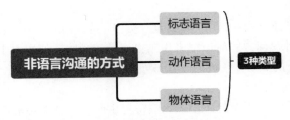

图 8-19　非语言沟通的方式

1）标志语言

标志语言是指聋哑人的手语、旗语、交通警察使用的指挥手势、裁判的手势以及人们惯用的一些表意手势等。

2）动作语言

动作语言是指一个人通过其表现出的动作向他人展示的信息。例如，在餐桌上一个人的餐桌礼仪能够反映出其修养，他的修养就是动作语言。

3）物体语言

物体语言是通过物体的外形、整理和摆放等方式展示出的信息。例如，总是将办公物品摆放很整齐的人，其物体语言是干净利落和讲究效率；而穿衣追求质地和不追求时尚的人，其物体语言是有品质和有个性。

2. 非语言沟通的特点

根据非语言沟通定义的叙述，可以看出其具有无意识性、情境性、可信性和个性化的特点，如图 8-20 所示。

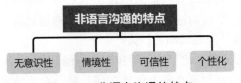

图 8-20　非语言沟通的特点

1）无意识性

一个人的非言语行为更多的是一种对外界刺激的直接反应，基本都是无意识的反应，体现了非语言沟通的无意识性。例如，一个人处于紧张状态时，会无意识地表现出焦躁情绪，但本人一般毫无知觉。

2）情境性

非语言沟通与语言沟通一样，都在特定的语境中展开，而情境决定着非语言符号的含义，这体现了非语言沟通的情境性。简单来说，就是相同的非语言符号在不同的情境中，会有不同的意义。

3）可信性

由于语言信息受理性意识的控制，可以轻易作假，而人体语言则不同，人体语言更多来自表述者内心深处，极难压抑和掩盖，所以极难作假。因此，当语言信号与非语言信号所代表的意义不一样时，人们更加相信非语言沟通所代表的意义，这体现了非语言沟通的可信性。

4）个性化

一个人的肢体语言与表述者的性格和气质是密切相关的。因此，爽朗敏捷的人同内向稳重的人表现出的手势和表情会存在明显差异。每个人都有自己独特的肢体语言，它体现了非语言沟通的个性化。

3. 非语言沟通的功能

非言语沟通的功能就是传递信息、沟通思想和交流感情。经过整理和归纳，可以总结为下述 4 项。

（1）使用非言语沟通可以重复言语所表达的意思或加深表达的印象；

（2）使用非语言沟通可以替代语言；

（3）非语言沟通作为言语沟通的辅助工具，在沟通过程中会使语言表达更准确、有力、生动和具体；

（4）调整和控制语言时，借助非语言沟通表示交流沟通中不同阶段的意向，可以传递自身意向变化的信息。

案例　**短视频5i沟通法则**

在短视频的内容方面，内容的本质是信息的传达和沟通。要想提升短视频的内容沟通率，就需要探索信息接收者的信息加工心理机制。根据哈佛大学赫伯特·凯尔曼（Herbert Chanoch Kelman）提出的说服效应理论和密苏里大学理查德·佩蒂（Richard E. Petty）、爱荷华大学约翰·卡乔波（John T. Cacioppo）提出的精细可能性模型（ELM），并结合短视频信息沟通特点，可以将短视频沟通的内在心理过程机制进行下述刻画和拆解，并总结抽象出优化短视频内容的 5 大要素，形成短视频沟通 5i 模型，如图 8-21 所示。

吸睛力：前 3 秒激发兴趣，争取网民留存

吸睛力是短视频价值的基础和前提，有效观看率是吸睛力的衡量标准。上下滑动机制赋予网民对短视频内容的灵活选择权，但对于内容的"第一眼"吸引力构成极大考验，这也是后续观众形成认知和产生互动的基础。美、直、名、奇和热 5 大要素构成了短视频内容的吸睛力。

美：高颜值人物、高质感画面总能让人目不转睛；因此，短视频人物需尽量找颜值高、妆发精致的人；短视频背景颜色尽量统一，简单清爽，不抢夺焦点，也要避免过于杂乱或随意。

直：短视频的标题、文字 / 对话或商品要直抛主题，避免观众产生歧义。例如设置标题，并将其呈现在视频最醒目位置；通过文字/对话、商品展示等要在3秒内表明出题。商品展示需要特写。

名：在淘宝有效观看率排名靠前的短视频中，包含明星、红人、或名品/爆品的短视频占较大比重，这些人物或者商品本身的吸引力足够让观众坚持3秒以上。

奇：人类天生的好奇心决定了对新奇的事物会引起关注，因此短视频要在3秒内突出商品、场景、人物的神奇、稀缺或者小众之处，引导观众追看。

热：短视频还可以紧抓行业热点或潮流，利用从众心理吸引追看。例如视频前3秒利用语言、文字、图片等方式抛出热点元素，热点元素包括但不限于：近期红人同款、流行护肤成分、概念和噱头等，利用热点引发关注。

在短视频的内容创作中5要素无须面面俱到，能在其中一个或几个方面表现出色就可以在"第一眼"留住网民提升短视频有效观看率。

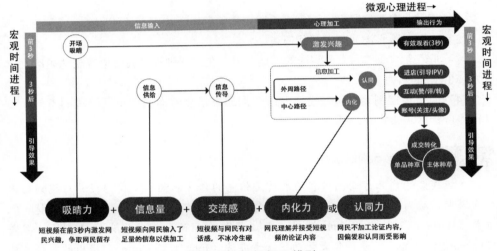

图 8-21　短视频 5i 模型

信息量：争分夺秒为网民输出更多信息

在短视频短短十几秒的沟通中，创作者需要尽可能在横向、纵向以及维度层面完成信息延伸，争分夺秒地满足网民对信息量和密集度的需求，力求在这段时间内不让观看者感到无聊。衡量短视频信息量的标准包括平均每次观看的引导进店、转评赞互动和关注账号等行为。以美妆护肤品类为例，横向介绍产品的差异点可以帮助消费者权衡优缺点迅速找到适合自己的产品，纵向介绍不能组合的品类与使用场景，比如传授护肤流程、搭配技巧和礼券攻略等。同时，还可以尝试从多个角度对产品进行剖析，例如成分质地、使用感受以及适用肤质和长期效果等，甚至产品的科技背景也可以进行剖析，从而让产品的信息更全面和更立体。

交流感：与网民形成沟通形式，快速拉近心理距离

与单品、图文和图片等介质的冰冷感与单薄感不同，短视频场域的一个突出特

点在于，内容制作者可以充分调用视听资源向网民传递情感温度。因此，从图文形式向短视频形式的转变不应止步于静态素材向动态素材的更迭，更应是情感温度与情绪沟通的全面升级。在短视频中使用具有指向性的语言风格和极具情绪感染力的词语，与网民产生交流感和对话感，避免生硬地进行广告口播或冰冷的产品特写，是非常重要的。交流感的行为衡量标准包括平均每次观看的进店、互动、账号价值。

内化力：让网民理解并接受短视频的论证内容

短视频内容大多具有带货诉求，本质上是展示商品价值并激发消费者购买行为的过程。而消费者观看短视频并非带着明确的主动诉求，更多带有"逛"的特征，因此短视频创作想要在几十秒里有效说服网民必须解决下述 3 个问题。

（1）直击网民最焦虑和最关心的痛点，激发网民认识动机；

（2）卖点简单化、标签化降低观众认知成本；

（3）为观众提供信任的理由降低信任门槛。

认同力：网民信息加工的另一条路是外周路径

在该路径下，网民是感性加工者。他们不加工论证的内容，而因偏爱等情感因素对短视频形成认同，进而产生行为。其中，吸睛力、信息量和交流感是所有短视频普遍值得遵守的基本方向，内化力和认同力则可以根据短视频创作者的实际诉求至少在一个方面上表现出色即可。

8.8　本章小结

本章中主要讲解用于提高沟通效果的有效沟通技巧。具体内容包括表达的含义、表达的方式与原则、有效的反馈、表达的逻辑、事实与观点、提问的技巧与作用以及非语言沟通等，同时在大量的知识点中增加案例，帮助大家快速理解和掌握相关知识。

第9章 沟通与转化

在网络沟通中，沟通一方要在遵循设计原则的基础上，通过说服对方、处理对方提出的异议和识别沟通中的误区等方式让沟通顺利、完整进行下去；在沟通过程中，沟通双方可以使用场景化沟通与表达和沟通节奏等技巧，将沟通活动的方向掌握在自己手中；同时，沟通方还可以应用一些沟通成交技巧，逐步提高沟通活动的任务成交率，最终实现提高直播和营销活动客户转化率的目标。

9.1 社交的基本原则

从网络社会的本质层面看，主播、视频 UP 主与观众之间的联系，是一种社交关系。只有在社交关系建立的基础上，双方才会产生或进行沟通活动，并且最终转化为电商成交。人们在建立、维持以及发展社交关系的过程中，需要遵循一些基本的原则，用以帮助陌生双方可以更快更好地完成社交关系的构建。社交的基本原则包括真诚原则、平等原则、交互原则、功利原则、自我价值保护原则以及情景控制原则，如图 9-1 所示。

图 9-1 社交的基本原则

1. 真诚原则

真诚原则是建立社交关系的基石。也就是说，当陌生双方想要彼此之间产生联系，进而开展社交活动时，真诚是最基本的要求。不可否认，在建立社交关系的过程中，可以使用一些手段和技巧，但是所有的手段和技巧都应该是建立在真诚交往的基础之上的。

案例 遵循真诚原则的社交电商

2018 年 11 月，王中源开始通过抖音分享自己在水果市场积累的知识。根据粉丝的评价，王中原创作的视频非常简单直白，没有美颜和滤镜，不注重任何拍摄技巧。在"大家好，我是王中源"的介绍之后，各种关于水果的"意想不到"的知识内容立刻被抛了出来。2019 年初，一个关于丑橘和粑粑橘区别的视频迅速获得 7.5 万赞，增长了数万粉丝。王中源发现喜欢自己视频内容的人越来越多了，于是继续以真诚的内容作为视频的出发点。

"我讲的知识都是行业内的商业经验，在网上找不到。例如，什么时候买榴莲比较便宜，为什么樱桃的差价这么大，去水果批发市场进货时穿什么衣服开什么车，新手如何玩转市场等。"根据王中源的分析，这类内容大概比较稀缺，所以大家都很爱看。图 9-2 所示为王中源在抖音的账号内容。

图 9-2 王中源在抖音的账号内容

2. 平等原则

每一个人都有自尊心，都希望他人的言行不伤及自己的自尊心。当想要建立关系的双方都顾及彼此的自尊心时，双方属于一个相互平等的氛围中，这样的氛围使社交关系的建立更加容易。因此，平等原则是建立社交关系的前提。在开展的社交活动中，尊重他人并且善于维护他人的尊严和脸面，是交往双方能够维持长期社交关系的诀窍之一。

3. 交互原则

交互原则是指人与人之间的交往，对彼此的态度和情绪都是相互的。简单来说，就是在建立、维护与发展社交关系的过程中，如果对方喜欢我，那么我对对方的情绪也会表现为喜爱；与之相反的是，如果对方厌恶我，那么我对对方的情绪也会表现为厌恶。社交关系具有交互性有下述两个原因。

（1）任何人都有保持自己心理平衡与稳定的倾向。为了对自己的行为以及与他人的关系作出合理的解释，人们倾向于同他人保持适当而且合理的关系；

（2）人们会将自己的心理投射到与之发生联系的人身上。当对别人做出一个友好的行动被接纳以后，也会产生一种别人对做出相应反映的期望。

4. 功利原则

人与人之间的交往，本质上是一个社会交换过程。人们希望交换来的对自己来说是值得的，这就是社交的功利原则。也就是说，人们希望在交换过程中留给自己的感觉是值得，或者得到的"利益"大于失去的"利益"，就会倾向于建立和维持这段社交关系；相反，人们会选择躲避、疏远和终止不值得的社交关系。于是，在功利原则下，不值得交换的社交活动是没有理由去开展的，不值得交互的关系也没有理由维持，所以人们的一切交往行动及一切社交关系，其建立与维持都是根据一定的价值观进行选择的结果。

5. 自我价值保护原则

自尊心的高低是以自我价值感来衡量的，自我价值感强，则自尊心水平较高；自我价值感低，则自尊心较低。人的自我价值感主要来自在社交关系建立的过程中他人对自己的反馈。别人的肯定会增加人们的自我价值感，如图9-3所示。别人的否定也会直接威胁到人们的自我价值感，如图9-4所示。因此，人们对来自社交关系的否定性信息特别敏感，而别人的否定会直接威胁到人们的自我价值感。

图9-3　赞美会提高自我价值感

图9-4　否定会威胁自我价值感

根据上述原理，我们在同他人建立社交关系时，必须对他人的自我价值感起到积极的支持作用，即维护他人自尊心。如果我们在建立社交关系时威胁了他人的自我价值感，那么极有可能激起对方强烈的自我价值保护动机，引起对我们的强烈拒绝和排斥情绪。此时，我们是无法同对方建立良好社交关系的。如果已经与对方建立了社交关系，也可能遭到破坏。

同时，需要注意的是，维护他人自尊心并不意味着在开展社交活动时处处为他人着想。如果产生了不同观点或异议，应该在不危及他人自尊心的情况下，陈述与对方不同的观点或异议，或者委婉地指出对方的不足，这些做法是不会影响社交关系的。

6. 情景控制原则

人们对一个新的情境，总是需要一定的时间去适应的。这个适应的过程就是一个逐渐地对情境实现自我控制的过程。情境的不明确或无法把握当前情境，会引起建立关系机体的强烈焦虑情绪，并使人体处于高度紧张的自我防卫状态，最终促使掌握机体的人做出逃避当前情景的决定或行为。

案例 遵循情景控制原则的社交关系

当我们刚刚进入大学校园或某一工作单位时，由于对周围的人和周围的环境都缺乏了解，自身机体会在相当长的一段时间内都处于高度紧张的自我防卫状态。直到熟悉和了解了周围的环境，与经常发生联系的同学和同事建立了社交关系后，我们才能做到以比较放松的姿态面对现在的环境。

在网络社会中，正确遵循上述社交原则，可以帮助我们建立健康的社交关系；而如果不按照基本原则开展社交活动，不仅无法完成高效社交关系的构建，还会打破已经建立好的社交关系。

9.2 沟通与说服

回顾历史我们能够发现，所有的成功领袖几乎都拥有一流的沟通说服能力；观察身边的人物也会发现，所有的销售冠军也都拥有一流的沟通说服能力。基于此，在网络沟通中，拥有强悍的沟通说服能力的网民，有更多和更大的机会在一场沟通活动中取得成功。强大的沟通说服能力包含 6 个技巧，分别是调节气氛、争取同情、善意威胁、消除防范、投其所好以及寻求一致，如图 9-5 所示。

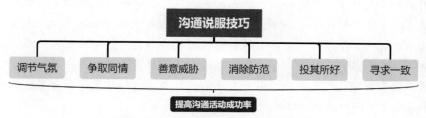

图 9-5 沟通说服能力包含的 6 个技巧

1. 调节气氛

在说服时，信源首先应该想方设法地将沟通情境的氛围调节为放松、平和和友好的状态。如果信源以和颜悦色的态度和平和的提问方式代替命令的方式，并给信宿以维护自尊和荣誉的机会，当前的气氛就是友好而和谐的，沟通说服相对容易成功；反之，在说服时不尊重沟通对方，并以盛气凌人的态度，那么沟通说服相对来说很容易失败。这是人类作为智慧生物的独特之处，即自尊心是每个人都拥有的属性，表现为任何人都不希望自己被他人轻易而简单说服并受其支配。

案例 在沟通说服活动中调节气氛

　　一位中学老师刚刚接任了班主任的工作，迎来了学校安排各班级学生参加平整操场的劳动任务。如图9-6所示的操场，因为阳光充足，仅仅是站在操场上都很难受，所以同学们都不愿意干活。由于刚刚接任的关系，老师与同学之间的关系还很陌生，此时班主任老师面对班级学生躲在阴凉处不肯干活的情况，处于一种束手无策的状态。后来班主任老师在与同学们沟通的过程中使用了调节气氛的技巧，以退为进地说服同学们进行打扫卫生的活动，最终完成了沟通任务的目标。

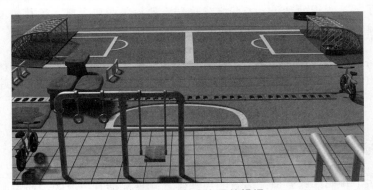

图9-6　正午阳光充足的操场

　　具体操作是班主任老师使用肯定句的方式向学生们提问："我知道你们并不是想偷懒，而是都很怕热。"这样的提问内容和提问方式，让普遍自尊心比较强烈的学生们不愿承认自身的懒惰缺点，于是学生们接二连三地反馈给班主任老师："确实是因为天气太热了。"此时，老师已经在沟通过程中成功说服学生的心理偏向干活。接着班主任老师继续说："既然这样，那我们就等太阳下山再干活，现在我们可以休息一段时间。"学生们听过老师的建议后认为与自身想要的所差无几，而老师为了使气氛更加热烈，还为同学分发冰激凌以达到解暑的目的。此时，学生们的心理防线和情景氛围已经完全趋于放松和平和的状态，这样的氛围促使学生们在说说笑笑中接受了老师的说服愉快地开始劳动。

　　2. 争取同情

　　渴望同情是人的天性。如果信源想要在沟通过程中说服比较强大或数量较多的对手时，应该采用争取同情的技巧，从而以弱克强，达到目的。例如，许多明星在综艺访谈中，都会被提问一些成名前后的差异问题。此时，大多数人都会选择讲述成名前的艰难困苦，用以与成名后的鲜花与掌声进行对比，同时激发观众和听众的同情心理，用以强调自身的成功是努力的结果以及进一步强化了其爱岗敬业的表现，从而说服观众自身的成功是应该的。

3. 善意威胁

众所周知，沟通时使用威胁的表达形式可以增强表述内容的说服力，是提高沟通效率最简单最直接的方式。但是，威胁的表达形式将会使沟通双方形成对立关系和紧张的情景氛围，非常不利于沟通双方之后的交流互动。因此，沟通一方可以使用善意的威胁使沟通对方产生一定的不确定和害怕情绪，从而达到说服目的。

案例　在沟通活动中使用善意威胁技巧

在一次团建活动中，当大家风尘仆仆到达事先预定的旅店中，却被告知由于锅炉工的工作失误，导致原来订好的包含单独浴室的套房中此时没有热水。为了解决此问题，团建领队了解情况后，与旅馆经理在微信中开启了下述沟通交流活动。

领队："非常抱歉，这么晚还打扰您休息。大家到达旅店非常不容易，想要使用洗澡的方式来缓解疲劳，如果此时没有热水，对我们来说是非常不合理的。何况我们预定的是本就包含了供应热水的房间。因此，此问题只能请您来解决了。"

经理："由于锅炉工下班前忘了放水，并且此时已经下班回家去了，所以这个事情我现在也没有好的办法。不过我已经吩咐值班人员开启了集体浴室，你们可以去那里"。

领队："好的，我们大家可以在集体浴室中洗澡。不过问题还是需要讲清楚的，包含单独浴室的套房一人 150 元一晚。而现在我们使用集体浴室，那么就等于我们享受的服务已经降低到通铺水平，因此需要照通铺标准，支付一人一晚 80 元的费用。"

经理："那不行的。"

领队："如果你不同意降低付费的解决方案，那只有供应套房浴室热水的方法了。"

经理："我没有办法。"

领队："您有办法。"

经理："你说我有什么办法？"

领队："您有两个办法：一是把失职的锅炉工召回来；二是您可以给每个房间拎两桶热水。当然我会配合您劝大家耐心等待。"

这次沟通的结果是经理派人找回了锅炉工，40 分钟后每间套房的浴室都有了热水。对此可以看出，威胁能够增强说服力。但是在沟通中，具体运用时也要注意以下 3 点。

（1）沟通时态度要友善；

（2）沟通过程中需要讲解清除前因后果；

（3）威胁程度不宜过高，否则会弄巧成拙。

4. 消除防范

一般情况下，在沟通活动进行到说服环节时，沟通双方都会产生一种防范心理，尤其是在危急关头。此时，想要完成说服目的，只能先行消除沟通对方的防范心理。如何消除人的防范心理？从潜意识层面进行分析，产生防范心理是因为自身启动了自卫功能，也就是当人们把对方当作假想敌时产生的一种心理活动。所以消除防范心理的最有效方法就是反复给予暗示，向对方表示沟通双方是朋友关系而不是敌对关系。通过嘘寒问暖、给予关心以及给予帮助等行为，完成给予暗示的目的。

5. 投其所好

在沟通活动中，站在沟通对方的立场上分析问题，能给对方一种为其着想的感觉。这种投其所好的技巧具有极强的说服力，可以提高沟通活动的成功率。想要在沟通中使用投其所好技巧，完全了解沟通对方的信息是十分重要的，只有彻底了解了沟通对方的所有信息后，才能精准站在对方立场上分析与考虑问题。

案例　在沟通活动中使用投其所好技巧

一个精密机械工厂在生产某项新产品时，将新产品某部分的一个小部件委托给一个小工厂加工。但是当小工厂将制作完成的零件半成品呈报总厂时，总厂给予的反馈意见为不合格。而此时对于精密机械工厂的交货时间来说已经迫在眉睫，总厂负责人责成小工厂尽快返工重新制造产品小部件，但是小工厂的负责人则认为自身产出的零件完全是按照总厂的规格进行制造的，所以不想再重新返工。于是，沟通过程出现了双方僵持的情况。

总厂负责人基于此种局面，在问明原委后，决定采用投其所好的技巧来说服对方。于是总厂负责人对小工厂负责人说："我认为这件事完全是由于公司的设计不周所致，导致你们出现损失，我感到非常抱歉。今天幸好有你们帮忙，才让我们发现竟然有这样的缺点。只是事到如今，事情总是要完成的，你们不妨将它制造得更加完美和精致，这样对你我双方都是有好处的。"这种投其所好的说服技巧使小工厂负责人的情绪趋于平和，并且欣然应允。此时完成的说服目标成功转化为沟通活动的成功率。

6. 寻求一致

一直拒绝他人说服的人，会长期处于"不"的心理组织状态之中，在沟通活动中表现为自然而然地呈现僵硬的表情和姿势。如果想要在沟通活动中说服此种心理状态沟通对方，必须在一开始就提出问题，绝不能打破他"不"的心理。所以，你得努力寻找与对方一致的地方，先让对方赞同你远离主题的意见，而使其对交流内容产生兴趣，然后再使用各种方法将说服目标引入话题，从而最终获得对方的认同，即完成说服对方的目标。

综上所述，在日常学习和工作的沟通交流中，使用上述6种说服技巧，能够有效提高表述内容的说服强度，是提升信源与信宿沟通能力的方法之一。

9.3 沟通中的异议处理

在日常的学习和工作沟通中，在与上司、其他部门同事、下属、同学、导师、客服等沟通时会出现许多不同意见，这些不同意见统称为异议。如何要让沟通活动高效进行，并且使所有的沟通对象同心协力，是一个非常现实的问题。接下来，我们针对沟通过程中出现的各种异议问题，通过讲解具体的处理步骤和处理方法，让大家真正掌握如何化解沟通中的异议。

9.3.1 处理异议的步骤

在沟通过程中，当沟通一方清楚和明白地阐述了自身观点后，而沟通对方却对沟通一方阐述的观点产生了质疑。对此异议问题和现象，可以通过下述几项步骤进行消除，如图9-7所示。

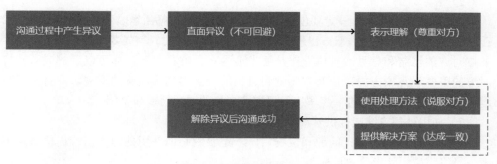

图 9-7 处理异议的步骤

1）直面异议

在沟通交流的过程中，当沟通对方提出了不同的观点时，自身一定要重视，并且要把这种异议情况视为沟通中可以逾越的一个障碍。发现异议时，不可以忽视或回避异议。因为只有解决了异议，沟通双方达成了共识，交流活动才算是一次有效的沟通。如果信源认为自己任务只是将观点表述得足够清楚，而是否同意则是信宿的决定的话，那么这次沟通活动就难以产生有效的结果。所以在沟通中出现异议问题或情况时，不可在心里回避或者忽略对方的不同观点。图9-8所示为网络沟通中直面异议的对话。

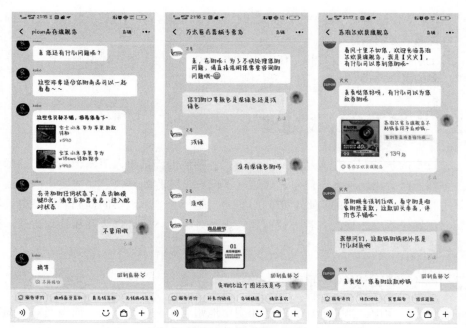

图9-8　网络沟通中直面异议的对话

2）表示理解

在沟通交流活动中，一定要创造一种沟通双方平等、畅所欲言和各抒己见的环境。在此种环境中，如果沟通双方出现异议问题和异议情况时，首先要向对方表示理解，尊重对方的情绪和意见。具体操作是适当地为对方解释自己具体可以理解或者支持对方的哪些观点或方面，让对方感觉到自己的观点得到了足够的重视，并且在某种程度上得到了理解，为进一步解决异议创造良好的沟通前提和氛围。

3）使用处理方法或提供解决方案

沟通活动中出现异议问题和情况后，一定要耐心地使用处理方法或提供解决方案，最终完成解除异议的目标。

（1）使用处理方法

使用处理方法解决异议的本质就是说服对方，但是说服他人并没有那么容易，反而是自己说服自己更加容易。依据此原理，推荐使用"柔道法"完成说服任务，即用对方的观点说服对方。具体操作是当对方对自己的观点提出异议时，一定要仔细地倾听，了解其表述的主要内容是什么，然后再仔细分析其中的漏洞或者自相矛盾的点，最后抓住机会有理有据地向对方说明。这样一来，沟通对方就很容易否定自己的观点，同时也更加容易接受自己的观点，从而使沟通双方达成一致。

（2）提供解决方案

当自己的观点本身的确存在一些问题或者对方的观点无懈可击时，可以采用提供解决方案的方式来解决异议。为了避免自己在沟通中处于劣势或被动地位，信源需要明确自身观点中的合理之处或者对方观点中的不严谨之处。在综合双方的意见之后，提供一个更好的观点，使该观点能被沟通双方都能接受和认可。

沟通中出现的异议问题和异议情况是交流互动的绊脚石，如果不及时清除，沟通就无法顺畅进行下去。因此，当沟通中存在异议时，沟通双方一定要按照上述解决异议的步骤，完美消除沟通中的异议问题和情况。

9.3.2　处理异议的方法

在沟通活动进行的过程中，出现的异议是多种多样的，而处理异议的办法也不止一种。因此，沟通一方在处理异议时，一定要因时、因地、因人和因事而采取不同的办法。在沟通过程中，常见的处理异议的方法有 7 种，包括转折处理法、转化处理法、以优补劣法、委婉处理法、合并意见法、反驳法和冷处理法，如图 9-9 所示。

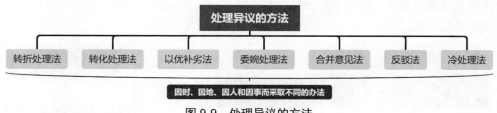

图 9-9　处理异议的方法

1. 转折处理法

转折处理法是信源根据有关事实和道理间接否定信宿意见的一种处理异议的方法，是推销工作中的常用方法。使用该种处理方法，首先必须承认信宿提出的异议具有一定的道理，也就是向信宿作出一定让步，用以缓和沟通双方的紧张关系和紧绷氛围，然后再向信宿阐述自己的观点，如图 9-10 所示。但该种方法如果使用不当，可能会使信宿提出更多的异议。因此，在使用过程中需要尽量少地运用"但是"一词，而实际交流中却包含着"但是"的意见，这样做的目的是得到更好的沟通效果。只要灵活掌握这种方法，就能够保持良好的沟通气氛，为自己的沟通内容存留空间。

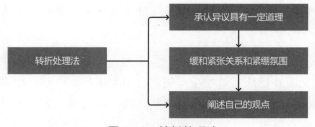

图 9-10　转折处理法

案例　转折处理法

一位网民在进行网络购物时，想要店铺客服为其推荐几款产品，客服询问其要求后推荐了几件自己认为符合要求的衣服，而此时网民却向店铺客服提出了推荐的服装颜色过时的异议。面对该种异议情况，店铺客服可以使用转折处理法说服网民，具体回答为："女士，您的时尚敏锐度和记忆力非常好，这种颜色几年前确实已经流行过了。我想您是知道的，服装的潮流是轮回的，如今这种颜色已经有了回潮的迹象，您一定不会判断错误的。"这样的沟通与表达，既反驳了网民的意见，也解决了当前沟通活动的异议问题。

2. 转化处理法

转化处理法是利用顾客的反对意见来处理异议问题与情况。在沟通交流活动中，沟通对象的反对意见包含双重属性，即反对意见既是沟通的障碍，也是一次交易的机会，如图 9-11 所示。简单来说，转化处理法是利用反对意见中的积极因素抵消其中的消极因素，以达成解决异议的目的。由于此种方法是直接将沟通对方的反对意见转化为肯定意见，因此应用该处理方法时一定讲究礼仪，并且不能伤害沟通双方的关系与感情。

图 9-11　转化处理法

案例　**转化处理法**

一家家具店铺的台灯有一个区别于竞争对手的明显特征，就是色温是 5000K，而其他品牌的台灯色温基本上都是 6000K 以上。有一些顾客在咨询时就会提出这个异议："你们的台灯色温才 5000K，比别人的要小"。此时客服人员采用转化处理法回答顾客的问题，标准回答是："对啊，亲。色温在 5000K 的台灯才是对眼睛最好的，太高了会伤害眼睛的。"这样的回答既解决了顾客的异议，又为沟通双方创造了一次交易成功的机会。

3. 以优补劣法

以优补劣法又叫补偿法，是指在沟通过程中发生了异议后，如果沟通一方的反对意见命中了产品或公司所提供的服务缺陷，此时沟通另一方不可以回避或直接否定出现的异议。面对此种异议情况，最明智的方法是向提出异议的沟通方作出肯定回应，然后淡化处理，利用产品的优点来补偿甚至抵消这些缺点。这样做有利于会提出异议的沟通方其心理能够达到一定的平衡程度，促使沟通顺利进行。

案例 以优补劣法

在顾客与营业员进行沟通的过程中，当营业员向顾客推销的产品的确存在一些质量问题，而顾客恰恰提出"这个产品质量不好"的异议后，营业员可以从容地告诉顾客："该产品的质量的确有问题，所以商场才以低于市场价的价格售卖产品。这样的话您不但可以以低廉的价格购买到产品，而且公司还确保产品的质量不会影响您的使用。"这种以优补劣法既打消了顾客的疑虑，又以价格优势激励顾客的购买行为。所以这种方法侧重于在心理上对提出异议的沟通一方作出补偿，以便沟通方获得心理平衡。

4. 委婉处理法

委婉处理法是指在沟通过程中出现异议时，使用委婉的方式降低提出异议方的气势，然后根据异议方的实时反应决定接下来的沟通方向和目标，最终达到解决异议的目的。当网店客服没有考虑好如何答复顾客的反对意见时，可以先用委婉的语气把对方的反对意见重复一遍或使用自己的表达方式复述反对意见，这样可以适当削弱对方的气势，同时给予自己更多的思考时间。这是因为变换一种表述方法，会使问题变得容易回答。但是减弱气势并不能直接解决顾客的异议，否则顾客会认为店铺客服歪曲了自己的意见从而产生不满。正确的方法是在店铺客服复述异议后，继续等候提出异议方的下文或反应，用以确定顾客是否认可，明确异议是否处理完成。

例如，网民向店铺客服抱怨："商品的价格比去年高多了，怎么涨幅如此高。"店铺客服可以向网民进行反馈："是啊，价格比起前一年确实高了一些。"然后等待网民的下文，用以判断异议的处理结果。

5. 合并意见法

合并意见法是将沟通一方提出的多种意见汇总成一个异议或者把沟通一方的所有反对意见集中在一个时间讨论，如图9-12所示。实际上，该种处理方法的本质是降低反对意见对沟通方产生的不良影响。但是需要注意的是，在应用该处理方法解除沟通中的异议时，不要在一个反对意见上反复纠结。因为人们的思维具有连贯性和发散性，过于纠结一个反对意见可能导致由一个意见派生出更多的反对意见的情形出现。如果想要避免此种情况，正确的做法是在回答了沟通方提出的反对意见后马上转移话题。

图9-12 合并意见法

6. 反驳法

反驳法是指沟通方根据事实直接否定沟通另一方异议的处理方法。这种方法比较生硬和直接，不利于沟通双方接下来的交流活动，所以一般情况下不推荐使用该种方法解决沟通中的异议，如图 9-13 所示。

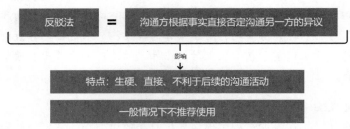

图 9-13　反驳法

当沟通出现异议时，直接反驳对方容易产生僵化且不友好的沟通氛围，造成提出异议的沟通方产生敌对心理，这样会不利于沟通方接纳沟通另一方的建议。如果提出异议的沟通方其反对意见是对产品的误解，而沟通另一方正好拥有可以说明问题的资料时，使用直接反驳法解决异议是正确的选择。但是使用过程中也要注意态度一定要友好而温和，最好能够引经据典，使表述内容更具说服力，同时又可以让提出异议的沟通方感受到自身反驳的信心。

任何人或事物都有两面性，反驳法同样如此。反驳法也有不足之处，表现为该种处理方法容易增加提出异议沟通方的心理压力，同时也会伤害沟通方的自尊心和自信心，非常不利于沟通成功。

7. 冷处理法

在沟通过程中，沟通方提出的一些不影响成交的反对意见，沟通另一方最好不要反驳，而采用不理睬的冷处理法，如图 9-14 所示。如果沟通过程中出现的所有反对意见，沟通另一方都进行反驳或以其他方法处理，会给提出异议的沟通方造成自身比较挑剔的印象。例如，当顾客抱怨某家公司或同行时，对于这类无关成交的异议问题，都应该不予理睬，并转而开启真正需要解决的问题。

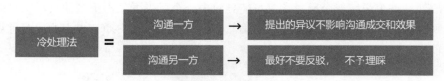

图 9-14　冷处理法

冷处理法也存在一些不足，例如不理睬沟通方的反对意见，将引起某些同类沟通方的注意，使同类沟通方产生反感。同时，当有些反对意见与沟通活动拥有重大关系时，沟通方会因为把握不准而不予理睬，最终造成无效的沟通，导致失去沟通成功的机会。因此，在应用该种方法前必须谨慎选择。

课堂讨论：了解和掌握了沟通活动中处理异议的步骤和方法后，我们可以尝试着分析与研究在一场直播活动中，主播对于粉丝提出的异议，该如何处理？

9.4　沟通节奏

沟通对于每个人来说，都非常熟悉和常见，大家也都清楚沟通是分层次和节奏的。经过整合，我们认为一般整个沟通过程中需要按照"罗列事实→共鸣感受→达成共识"的节奏步骤，最终完成任务目标，如图 9-15 所示。但是整个沟通过程并不是单独前进的，而是要按照双方的状态控制进度，双方无法一致的话，往往要不断地回退。

图 9-15　沟通节奏步骤

当沟通双方的感受不能共鸣时，需要重新检查事实；而当沟通双方的共识不能一致时，需要回到感受阶段。整个沟通过程就像是在跳恰恰舞，在进退的步调上反复试探。而所谓的沟通高手，就是能够将这种进退节奏把握得非常好的人。同时，沟通节奏的每个阶段都有需要注意的要点，这些要点关系到当前阶段可不可以顺利进行。

1. 罗列事实

当人的情绪处于非平缓状态时，想要冷静地讲述或罗列事实，是一件比较困难的事情。因此，可以在描述事实的时候，加上自己的总结判断，但是这些总结和判断要放在最后。

案例　罗列事实的正确表述

一个成年人批评他的孩子完成作业的时长和时间段总是非常的不合理。孩子当然反对他的这个说法，于是两人开始争吵，将沟通过程变得非常不愉快，而计划好的沟通目标也没有实现。正确的做法是描述事实，告知孩子："你周一晚上 11：30 才做完作业，周二 12：00，周三 11：20，周四 11：40……连续一周没有达成目标，也就是在 10：30 之前完成作业。"这种不带感情并且非常客观的事实描述方法，通常不会引起激烈的冲突，也利于沟通的另一方在接收到信息后，能够进行正确的反思以及改善接下来的沟通活动。

根据上述案例可知，在罗列事实时，重点在于不要掺杂自己的看法、判断或者观点、感受。"不合理""老是""总是""一直""从来""经常"和"永远"等词语，就反映出讲述者的态度和观点，是非常容易引起矛盾的词语，因此尽量少在沟通中使用。

在事实层面上分析，一定要做到沟通双方认同，这是沟通的基础。一旦产生异议或问题，都要重新回到事实层面进行再次确认，然后再次探讨。从深层次上分析，事实不可能被完全罗列出来。而且相同的事实，从不同的角度进行分析与表达，会给人不一样的感受。所以完全剔除感受是难以做到的，但是在沟通双方平等、开放的前提下进行阐述，就可以最大限度地避免这个问题。

2. 共鸣感受

人的心理影响意愿，意愿决定行为。所以想要改变一个人的行为，就需要了解对方的心理活动。而沟通最关键的环节就在于让对方认为自身是被尊重的。首先，沟通时需要表现出平等、亲和的态度，用行为证明尊重对方，例如在视频通话时，对方讲话时注视其眼睛，表现出正在聆听其讲话；同时可以伴随着轻微点头以及浅笑、疑惑和赞同等表情，如图9-16所示。还可以不断地"总结＋确认"，这种技巧在绝大多数场所都有效。

图9-16　视频通话中的共鸣感受

案例　共鸣感受的正确表述

张雪峰介绍："每部分十道大题，我们老师可以通过相应的辅导经验来告诉你，今年大概考的重点范围在哪里。"

老梁理解后反馈的回答："你的意思是可以押题？"

张雪峰同样理解后反馈回答："对"。

此种问答方式，沟通方可以一边总结对方的意思，理解后使用自己的表述方式寻求确认。对方也知道沟通方在认真与自己进行交流。而且当沟通者能够理解对方的大部分意思时，会更加乐意和积极进行表达。

例如孩子说："我想买个手机。"此种表述方式给人的感觉是一个请求，于是家长直接回答"买"或"不行"都不合适，而直接问"为什么"的话，会使孩子认为进入了审问模式，开始产生抗拒心理，此时的沟通活动将难以持续。成熟的家长会顺着这个思路往下走并掌握沟通的节奏，反馈给孩子说："嗯，有个手机是蛮方便的。"得到此种反馈的孩子一般也会顺着这个节奏继续给予反馈回答："大家都有手机了。"接着家长慢慢回答："那互相发信息方便了很多啊。"沿着此种沟通节奏继续交流下去，家长就能知道孩子真实的想法和感受，最终才能作出买还是不买的决定。但是共鸣感受环节也需要注意，并不是所有的感受需要明白、完全和不隐藏地表达出来，很多感受也会被遮盖和隐藏。

3. 达成共识

在一个沟通活动中，共识是双方关于未来行动的意见和想法达成一致的过程。切记要由孩子、职员和设计师等在沟通中处于弱势一方的群体提出来。一个人只会在其提出的计划和方案被批准或允许时，才会感觉到被尊重。这时执行方案的过程才会更加投入，也才会有良好的效果。沟通是发挥双方主观能动性最有效的手段，而善于利用沟通的节奏，可以将能动性发挥到极致。

9.5 场景化沟通与表达

想要提高自身的沟通能力，就必须明确一个基本的沟通思维，即场景化沟通。场景化沟通是指人们都只会在自己熟悉的场景下，经过反复的训练，才会有超乎常人的表达能力。所以大家不要因为自己的低情商就认为自己不会或无法学会沟通，事实上这个认知是错误的。沟通能力较低的原因只是缺乏在固定场景下的大量练习，才会表现不佳。如何运用好场景化沟通用以提升沟通能力，这里为大家提供 3 个技巧完成场景化沟通，包括识别沟通场景、收集沟通方法和场景化演练，如图 9-17所示。

图 9-17 场景化沟通

9.5.1 识别沟通场景

在场景化沟通的第一个阶段，其实不必利用大量的自主阅读和被动习得的行为来提升自身的情商。首先需要的是能够识别自己目前所处的沟通场景。以工作环境为例，经过分析研究与归纳整理，总结出在职场上真正重要的沟通场景有 10 个，如图 9-18 所示。

图 9-18 职场沟通场景

课堂讨论：根据上述的 10 个职场沟通场景的定义标准，大家尝试着分析与研究在自己当前所处的社会阶段中，比较重要的沟通场景有哪些？

在这 10 个场景当中，一个公司的前台职员的沟通场景其实就是客户沟通。如何识别和判断沟通场景，其实就是分析环境、人物和目标，如图 9-19 所示。例如，电梯里遇到领导。在当前情境中进行分析，环境是电梯。电梯环境的特点是相处时间短和空间小，主要人物是领导和自身，可能还包括熟人或不认识的陌生人。根据电梯的特点和环境的限制，在电梯中和领导沟通的目标，不是让领导看到自身的工作能力和才华，只需在电梯中给领导留下一个热情积极的良好印象即可。具体操作就是主动跟领导打招呼并配合微笑的友好表情。除此之外，如果领导无后续沟通意向，自身也应该保持沉默。反之如果领导有后续沟通意向，积极回答即可。这是在电梯偶遇沟通场景中比较正确的沟通方式。

图 9-19 识别沟通场景

良好的沟通能力和善用沟通技巧可以让活动目标事半功倍。如果进入职场后还无法顺利主动与他人进行沟通，那么自身的职业发展和日常工作肯定会受到一定的影响。因此，我们才需要通过场景化沟通与表达的沟通技巧，提升沟通能力，实现精准付出、高效回报的等价交换目标。

9.5.2 收集沟通方法

在任何一个沟通场景中，都存在无数的应对方法和交流技巧。所以在能够识别场景和明确自身常用沟通场景的条件下，我们可以有针对性地去搜集和整理相关沟通场景的应对方法和交流技巧。具体操作就是确定一个最常使用的沟通场景，针对该场景，搜集有哪些成熟的应对方法和交流技巧能够直接拿来使用。在搜集阶段，可以通过书籍、课程、垂直类 App 以及他人的经验与方法等途径，完成收集和整理自身能够应用到的应对方法和交流技巧。

案例　　"问答赞"式沟通技巧

问：问出细节。例如，最近工作怎么样，忙吗？

答：倾听回答。例如，哦，嗯（看着对方，表示倾听）。

赞：表达赞叹。例如，你的工作很重要啊，而且你已经做得很不错了，特别想知道你当时是如何想出这些主意和想法的？

这个沟通技巧，可以在很多场景里使用，包括电梯沟通、饭局闲聊和日常聊天等。类似的沟通技巧还有许多，大家可以在现实生活中多多留意并加以利用。

9.5.3　场景化演练

网民能够识别沟通场景，也拥有了应对沟通场景的交流技巧，接下来需要通过大量的练习来提高自身的沟通能力，最终转化为提升沟通效果与成交率。简单来说，场景化演练可以归纳为一句俗语，"台上一分钟，台下十年功"。

富兰克林出生在贫穷家庭中，所以只在学校中进行过 2 年的系统学习之后就开始四处打工。之后他在一年的时间里，从印刷厂的一个普通工人转变为某家报社的专栏作家。大家肯定都很好奇他提升写作能力的方法是什么，实际上就是场景化练习。富兰克林在作为印刷厂的印刷工，每天都会接触无数报纸。于是，他会在空闲时间阅读一些报纸上的文章。对每一篇文章，他都会在看完一遍以后，将报纸放在旁边，然后再凭借自己的理解复述这篇文章。可是开始写的时候他就发现，以为自己已经看懂了、了解了、领会了的一篇文章的全部内容，到了下笔的时候，能够写出来的其实很少。只有几句话，而且与原本的文章进行对比，自己复述的表达内容相当不准确。但是如此大差距也没有打败富兰克林的自信心和耐心，他毫不气馁地把报纸再认真看一遍，然后继续复述。我们可以分析他的写作过程，是一种进入具体场景的过程，通过动手写，并且与参照进行对比的多次联系，来提升自己的相关能力。显然，这种进入具体场景的方式比泛泛阅读大量文章的方式，能够捕捉更多的信息量。经过七次的"阅读→复述"之后，富兰克林最后写出来的文章与原本的文章内容已经相差无几。

综上所述，富兰克林使用一年的时间，使用这种场景化演练方式反复训练自己，用以提升自身的写作能力。既然写作能力可以通过此方法完成提升，而沟通能力也是如此，只要自身把握好沟通场景和沟通技巧即可完成提升目标。例如，沟通者不会顺畅地当众发言，那可以去报名参加一些演讲比赛，或者自己作为主持人参与一些会议主持工作等，用以提升自己当众发言的能力，通过在场景中的反复和多次练习，找到自身的不足，然后去不断改进那些不足，最后转化为自身提高的沟通能力。

9.6　沟通中的误区与心法

在网络沟通中，除了提出异议外，因为一些现象使沟通双方产生的误区，也会导致沟通活动无法顺利完成。接下来我们对网络沟通中的误区与心法进行讲解，用以避免沟通活动中的无意义问题和提高大家的网络沟通能力。

1. 沟通误区

在网络沟通中，容易产生下述的两个误区。明确两个沟通误区，可以帮助品牌在沟通活动中规避掉许多无意义的异议问题。

误区1：KPI（绩效考核）达标就等于品牌进入消费者大脑，认为沟通活动起作用了。

误区2：认为刷爆朋友圈的网络话题或事件就成了社会性的话题或者事件，图9-20所示为刷爆网络的错误社会性话题。图9-21所示为刷爆网络的正确社会性话题。

图9-20　刷爆网络的错误社会性话题　　图9-21　刷爆网络的正确社会性话题

这两个误区反映了大部分人的想法，就是以攻占消费者大脑为起始点。经过整合大量客户数据，我们发现羡慕嫉妒的情绪、人无我有的心理、好奇心、偶像或榜样的力量、感官猎奇、物质满足以及作为社交性动物必不可少的社交认同等情绪或心理，都是促成沟通目标的前提条件。

2. 沟通心法

在运营活动的沟通过程中，可以使用一些沟通心法来帮助品牌更快、更好地达成沟通目标。

1）视野、格局和价值观

视野决定格局，而健全完整的价值观能够对格局进行更好的判断、能够站在更好的视野剖析问题。因此，在沟通活动中，需要沟通双方拥有广阔和超前的视野，去帮助运营活动产生更高的回报率和转化率。

2）从网友中来，到网友中去

运营活动中的沟通必须贯彻"从群众中来到群众中去"的方针。换句话来说，就是以网友的好恶为出发点，以品牌植入为机会点，以创造满足网友欲望的内容为目标，以创造出超出网友期待的爆点来增加传播的附加值。

3）游戏心态

如果将运营中的沟通活动看作是一个游戏，我们不仅是游戏的制定者也是游戏的参与者。以口碑的方式进行推广，则是希望这个游戏可以拥有更多的参与者。

4）以不同点破局

为了让策划的每一场活动都能够在大量的同类活动中脱颖而出，我们必须时时刻刻做到与其他活动存在不同，其实这是广告的本质，也是传播的本质。我们可以利用沟通技巧将活动的不同之处在活动中铺设开来。策划不同点不是为了找不同而不同，而是为了在社会化环境中找到与网友沟通的独特路径，不同点可以是内容上的，也可以是方式上的，还可以是渠道上的。

9.7　沟通与成交

社会的形成是从沟通开始的。从原始社会的以物换物发展到现代社会的市场经济再到当代社会的网络购物，沟通扮演着越来越重要的角色；人是社会中的人，每个人在不同的阶段都有不一样的需求，而需求都必须通过与他人进行沟通才能满足；作为带有售卖任务的沟通者更是如此，沟通活动的好坏往往就决定了售卖是否成功。

在具有交易性质的沟通活动中，售卖方在沟通过程中需要做好 3 点技巧要素，包括人品、产品和礼品。人品是指一个人的品德，高尚的品德是客户和你交往的前提；产品是指所推销或售卖的产品品质，产品品质的好坏是能否达成交易的根本；礼品是指利益的分享，具体来说就是客户选择的商品能给其带来的利益，这个利益包括金钱利益、质量利益和服务利益等。

在具有交易性质的沟通活动中，想要沟通活动能够成功必须具备这 3 个沟通要素，而且这 3 个沟通要素相辅相成，缺一不可。而想要恰当应用这 3 个沟通要素就要求售卖方必须具备优秀的整体素质，掌握灵活的成交技巧。此时的成交技巧包括人品沟通、产品沟通和礼品沟通，如图 9-22 所示。

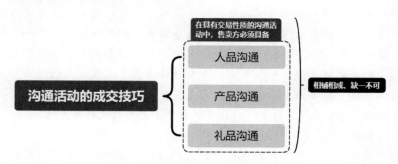

图 9-22　沟通活动的成交技巧

1. 人品沟通

人品沟通就是想要让沟通对方迅速认可售卖方的人品，就必须从第一次沟通开始让对方感受到自身的真诚和专业。文雅的谈吐、良好的气质形象、富有感染力的声音、专业的服务态度以及幽默风趣的语言等，都能提升自身的人格魅力，从人格层面上吸引对方，并让对方接受自身的人品，从而顺利进行下一步的产品沟通。

2. 产品沟通

人品沟通是对产品沟通的铺垫。对方接受了自身人品后，沟通双方才会真正进行产品沟通。在产品沟通阶段，产品质量的好坏是能否完成交易的根本。没有顾客会因为售卖方的人品高低去购买与自身无用的产品。此时，专业知识和优质的产品就显得非常重要，必须让对方信任自己的产品，才能顺利进行下一步的礼品沟通。

3. 礼品沟通

这里所说的礼品其实是以商品能带给对方的利益进行交流。在接受售卖方的人品和产品之后，对方就会考虑如果进行合作对其公司和个人会有哪些好处。这就需要我们自身具备敏锐的观察力，及时觉察对方的疑虑，从感恩、质量、服务、价格、信誉和个人利益关系等多方面进行沟通，让对方感受到自身的真诚、专业和可信，从而放心完成项目或商品的成交。

综上所述，销售其实就是一种沟通活动。销售人员通过和客户的交流，了解客户的心理，进而采取有效的沟通方法，最终将沟通的成交率转化为项目或商品的成功。

案例　直播活动中提高成交的话术

想要直播效果好，带货销量高。那么，就少不了有效且实用的沟通成交话术。尤其对于一些刚刚进入到直播行业的人，肯定不知道正确有效的沟通成交话术应该怎么说，接下来讲解几个实用且有效的沟通成交话术，用以帮助直播新人有效提高自己直播间的成交率。

1. 开播话术

每一场直播的开播话术都是有讲究的。沟通技巧和表述语言应用得当，可以提升直播间的人气，增加直播间的流量。而应用不当，则直播活动可能变为主播一个人的独角戏。对于新人主播来说，正确的开播话为："大家好，我是一名新主播，今天是直播带货第××天，感谢大家对我的支持。"这样的话虽然很常见，但是能让粉丝感受到主播的真诚，可以使主播与观众建立基本的信任，这就足够了。第一次做直播的主播，更要大方承认自己的不足，表明没有太多的优势和经验，同时也传达出自己的坚持和真诚。那么，观众可能会给予更多的宽容和支持。

2. 留人话术

直播间没有观众，就算主播说得再好，产品的质量再好，那也是没有用的。直播间是有了观众，才能带货，才能实现流量变现和产品转化。所以，留住观众的沟通话术是提高一场直播活动成交的关键。留人话术有下述两个技巧。

1）引导粉丝及福利诱惑

对于大多数新人主播来说，很多观众都是第一次进入自己的直播间，这个时候主播就要引导进入直播间的观众留下来并关注直播间。例如："欢迎刚进直播间的粉丝宝宝们，点击关注主播，稍后关注人数达到99个就发红包哦！"这样的沟通话术既引导观众关注，又利用各种福利、抽奖活动和利好政策留住粉丝和意向客户。

2）及时回答粉丝提问

新人主播需要知道，如果有观众在直播间进行提问，该观众基本就是极其精准的客户了。这时候主播就要充当客服的角色，及时回复观众提问，同时再加上福利话术引导促成交易。

3. 互动话术

对于一场直播来说，不可能全部的直播时长都用来介绍和销售产品，肯定是需要和直播间观众进行互动的，例如日常聊天、热点和大事件等。如果看到观众提出的一些与产品无关的问题，主播也需要耐心回答，让观众感受到直播间的友好氛围。例如，观众提问怎么不理我或一直不回答我的问题。主播应该回答："没有不理哦，弹幕太多刷得太快，我看到一定会回的哦，请不要生气哦！"另外，充分利用明星效应和粉丝互动。如果自己直播间销售的产品拥有明星代言人，那主播可以很自然地问一句："××的粉丝在哪里？"这样也可以提高互动频率和活跃氛围。

4. 成交话术

直播间商品的成交环节，最重要就是取得观众的信任，让他们愿意去消费，觉得买到就是赚到。接下来讲解两点成交的话术技巧。

1）强调是自用产品

在直播间展示主播自己的淘宝购买订单，证明某款产品是"自用款"，以"自用款"为产品担保。如果是食品类的商品，可以直接在直播间食用，展示出商品的美味。例如，朱梓骁吃龙虾这个直播间名场面，就可以很好地诠释自用产品对观众的吸引力是巨大的的。

2）进行价格对比

人无完人，一般来讲人都有贪小便宜的心理，将这个心理应用在直播带货中，就是告知观众自己直播间的商品价格低于其他平台的价格，而且还会赠送一些小礼品。层层叠加的优惠可以很好地抓住消费者的心理，让消费者产生不买就亏了的心理，促成交易。例如，"某某商品在淘宝、京东的价格是××元，而现在我的直播间购买只需××元，而且还会送礼品。买到就是赚到啊！"

5. 催单话术

观众在直播间购买商品时，也会产生纠结和犹豫不决的等心理。这个时候就需要主播使用催单话术技巧促成交易。

1）让消费者产生紧迫感

当消费者犹豫不决时，需要主播用时间和价格进行催促。这样会让消费者产生紧迫感，认为立马下单才是正确的选择，包括最后两分钟、最后 10 件等。

2）反复讲解产品

如果遇到一些观众迟迟没有下单，有可能是对产品还没有那么的了解，觉得这个商品好像买来并没有太大的作用。这个时候主播可以反复讲解和强调产品的功能和特性，让消费者觉得这个产品可以给她/他带来利益。

3）加赠小礼品

催促消费者下单还有一个更好的方法，就是加赠一些小礼品，让消费者认为自己在直播间的消费行为是划算的。

6. 下播话术

一场直播快结束时，一定要预告下一场直播的产品和时间，同时再次重复提醒直播间接下来的福利和产品等，甚至可以直接告知观众某款产品具体的上架时间段，方便一些不能一直坚守在直播间的观众促进交易。例如，"今天的直播接近尾声了，明天晚上××点～××点同样的时间开播，到时候会上架××商品，而且还会有惊喜哦！"

另外，直播时的沟通和成交话术只是直播间中的一部分内容。想要完成一场成功的直播带货，大家还可以借助直播数据分析工具，获得很多直播间数据信息，用以不断调整自己直播间的沟通和成交话术。

9.8 提高直播中的转化率

在直播带货的沟通活动中，可以利用扩散直播消息、以产品为主题、与用户聊社会热点以及介绍优惠玩法等方式方法，促成多笔订单成交，最终实现提高沟通活动转化率的任务目标。

1. 扩散直播消息

直播行业发展火热，已经逐渐进入成熟期，由此形成了其用户量大、全民直播和商业化等行业特点，表现为许多直播平台拥有过亿的用户量，很多主播可以完成几百万甚至上千万的商品交易。这些表现也从某些方面上反映了广大网民们对直播的喜爱。

相比较成熟的头部主播，新人主播由于起步晚，没有大量的"粉丝"。这就造成了当新人主播直播带货时，很多网民甚至都不知道直播活动的存在，这给新人主播直播带货造成了一定的阻碍。要改变这种情况，我们可以通过一些手段将直播信息扩散出去，让更多的用户知道直播消息。庞大的网民观看是提升直播带货转化率的基础。

上述的这个基础条件对于成熟头部主播进行的直播活动也同样适用，只是成熟主播凭借可观的用户量，扩散消息的难度会相对来说低一些。因此，不管使用哪类主播，扩散直播消息对于提升转化率都是非常有必要的。而直播的主题是什么、主要介绍什么产品和观看直播能获得什么福利，都可以作为宣传的主要内容吸引更多用户的注意力，让更多的用户产生观看直播的想法，是完成扩散直播消息的途径之一。

2. 以产品为主题

商家直播的目标观众是对产品有需要的用户。这些用户绝大部分都是被产品吸引而来，如果商家在直播活动中各种沟通技巧应用得当，那么订单成交的概率就会逐层增加。因此，商家们在进行直播的时候要以产品为核心，直播的重点也应该在介绍产品的优点、功能以及使用方法上，如此才能让目标观众和潜在观众全方位了解产品，刺激他们的消费欲望。图 9-23 所示为以产品为主题的直播带货。

图 9-23　以产品为主题的直播带货

3. 与用户聊社会热点

有些商家喜欢在整个直播活动的过程中一刻不停地介绍产品，即全程围绕着产品展开讨论。这种沟通方法并没有错，但是一直围绕某个话题进行讨论很容易让用户产生枯燥和乏味的情绪，而且也会为整个直播活动营造一种僵化和无趣的氛围。这些情绪和氛围都不利于销售产品，因此商家可以在直播活动中，选择恰当的时机与用户讨论一些社会热点，用以调动用户与商家产生互动的兴趣，为之后的订单成交进行氛围铺垫。

4. 介绍优惠玩法

一定要明确直播的目的是促成订单成交，因此优惠必不可少。一般情况下，每次直播活动都会有不同的优惠玩法，这些优惠玩法一般放置在直播屏幕的边角位置。对于一些注意力比较专注的用户来说，由于注意力都在商家介绍的产品身上，很难注意到边角的优惠活动。于是，为了更好地调动这部分观众的购买欲望，商家应该在直播的过程中向用户介绍购买产品能享受什么样的优惠，优惠的玩法和力度也一定要表述清楚，这样才能吸引更多的用户产生消费行为。

综上所述，在直播带货的沟通活动中，我们只需要利用抓住客户的消费弱点并辅以各种沟通技巧，就可以在完成沟通活动任务的同时提高客户的转化率。

案例 **新消费品牌客户转化率的升级之路**

8月16日晚上，某直播间像往常一样涌进数以万计的观众。直播间外，Tony紧张地盯着手机直播画面，还有5分钟自己公司的新消费品牌"宅猫日记"旗下的一款饼干就要上架，这是Tony和团队一年来最重要的一次直播带货。直播结束后，宅猫日记销售额突破230万，销售件数突破46万盒，天猫饼干膨化榜单单日排行TOP1。图9-24所示为宅猫日记在一年时间里完成从0到1000万蜕变的直播画面。

图 9-24　宅猫日记的直播画面

● 品牌诞生记

宅猫日记是2020年7月成立的自孵化新消费品牌，其中此次直播带货的岩烧芝士脆是其爆款产品，如图9-25所示。宅猫日记这个IP来源于IMS（天下秀）运用全平台数据对当下"Z世代"年轻消费主力军的痛点捕捉，猫的宅、软萌和贪吃等特点贴近年轻人的生活状态，让品牌有一种天然的亲近感。Tony表示，"宅猫是以IP定义人群，以人群定位品类"，根据IP的调性构建主打懒人健康零食的概念，品类发力充饥和解馋的场景，如图9-26所示。

图 9-25　爆款产品

图 9-26　懒人零食的动画贴图

● 品牌"出圈"记

相较于其他网生品牌，宅猫日记在"红人＋新消费"结合方面有着天然的优势。尤其是IMS（天下秀）旗下的红人资源及大数据沉淀，为宅猫日记的成长不断赋能。

宅猫日记的成长路径，可以分为以下 5 步。

第 1 步：用明星合伙人作为流量敲门砖。在创立初期选择流量明星作为宅猫明星合伙人，其奶爸形象深入人心，具有情感方面的信赖感，同时在综艺节目中的表现也吸引了很多 Z 世代人群。

和流量明星的联动起到了打入用户群体，收获第一批种子用户的效果。通过明星合伙人在品牌初期发挥流量承接作用，宅猫日记初步在用户心中和红人心中建立品牌信任度，促进红人合作意向，初步打开品牌声量。图 9-27 所示为宅猫日记的明星合伙人。

图 9-27　宅猫日记的明星合伙人

第 2 步：建立"抖品牌"，打通抖音主阵地。对于一个新品牌，"集中资源优势"是性价比最高的选择，宅猫日记又根据自身属性和粉丝定位创造二次元的 IP 形象，加上抖音平台快速精准触达用户的特点，从邀请接地气的"真人用户"塑造信任感，再在垂直领域、圈层中有影响力的"圈层头部红人"，一方面在抖音不断刷"存在感"，另一方面通过热浪数据对直播实时销售数据、直播反馈和用户评价等数据展现，不断收集直播及产品反馈，进行迭代。

在此期间，宝藏级美食垂类账号代代美食屋，头部红人直播间浪味仙、密子君和雪梨 Cherie 等全面覆盖，其中代代美食屋的单条视频转化 GMV 达到 85 万，实现品牌曝光＋转化的双赢。从垂类红人到全领域红人，不断辐射更多目标消费者，进一步为单品爆款转化赋能。2021 年 1 月底，宅猫日记销量突破 50 万；在 6 月的"618"好物节，宅猫日记销售额则达到了 892 万。

第 3 步：注重"传统电商渠道"承接，以天猫为首，承接搜索流量的同时增加复购。一方面持续拓客用户群，另一方面如何留住老用户，这是保持销售额快速增长的两个点。

在这个阶段，宅猫日记除了保持抖音的声量外，把更多的精力放在了天猫的承接上。2021 年 4 月～ 5 月，宅猫日记开始寻求淘宝直播红人的合作。因为有抖音的成功经验，宅猫日记在寻找淘宝主播方面相对花费的时间更短，并且效果更好。依旧延续纳米红人—中腰部红人—头部主播的合作路径进行矩阵搭建，通过快速的销量积累，宅猫日记不断突破在天猫的层级，逐步成为饼干类目的 TOP10。

第 4 步：注重用户体验，保持店铺高分状态。宅猫日记一开始就非常注重用户体验和产品质量，这造就了宅猫日记店铺从成规模到发展壮大，始终保持在 4.9 左右的高分。店铺分数不仅会左右消费者的购物意愿，更是主播选品时的重要考察指标之一。持续稳定的高分状态，也是宅猫日记持续获得主播青睐的一个原因。

第 5 步：成为爆款后，布局全渠道的流量承接。2021 年 7 月，宅猫日记团队发现，在"6·18"大促之后，宅猫日记岩烧芝士脆饼干的销量持续增长，比"6·18"同期增长了 15%。这个结果既在情理之中也在意料之外，爆款打造成功了，各个平台都可以动起来了，以爆款带动品牌整体销量的增长。除了电商平台，内容形态也开始布局，宅猫日记 IP 的动画化、私域的渠道建设以及内容电商的承接。

从成立到打出爆款，从纳米红人到头部红人的直播矩阵搭建，从"聚焦"到全渠道扩散，宅猫日记团队只用了一年的时间。

9.9　本章小结

本章中主要讲解沟通与转化的相关知识。具体内容包括社交的基本原则、沟通与说服、沟通中的异议处理、沟通节奏、场景化沟通与表达、沟通中的误区与心法、沟通与成交以及提高直播中的转化率等，同时在大量的知识点中增加案例，帮助大家快速理解和掌握相关知识。